Monitoramento com Zabbix

Janssen dos Reis Lima

Monitoramento com Zabbix

2ª edição

Rio de Janeiro
2020

Copyright© 2020 por Brasport Livros e Multimídia Ltda.

Todos os direitos reservados. Nenhuma parte deste livro poderá ser reproduzida, sob qualquer meio, especialmente em fotocópia (xerox), sem a permissão, por escrito, da Editora.

1ª edição: 2014
Reimpressões: 2014, 2015, 2017, 2018, 2019, 2020
2ª edição: 2020

Editor: Sergio Martins de Oliveira
Gerente de Produção Editorial: Marina dos Anjos Martins de Oliveira
Editoração Eletrônica: Abreu's System
Capa: Use Design
Imagem da capa: Freepik.com

Técnica e muita atenção foram empregadas na produção deste livro. Porém, erros de digitação e/ou impressão podem ocorrer. Qualquer dúvida, inclusive de conceito, solicitamos enviar mensagem para **editorial@brasport.com.br**, para que nossa equipe, juntamente com o autor, possa esclarecer. A Brasport e o(s) autor(es) não assumem qualquer responsabilidade por eventuais danos ou perdas a pessoas ou bens, originados do uso deste livro.

DADOS INTERNACIONAIS DE CATALOGAÇÃO NA PUBLICAÇÃO (CIP)

L732s Lima, Janssen dos Reis
    Monitoramento com Zabbix / Janssen dos Reis Lima. – 2. ed. – Rio de Janeiro: Brasport, 2020.
    224 p. : il. ; 17 x 24 cm.

    Inclui bibliografia.
    ISBN 978-65-88431-08-5

    1. Desenvolvimento de softwares. 2. Empresas. 3. Tecnologia. 4. Monitoramento. I. Título.

CDU 004.4:658

Bibliotecária responsável: Bruna Heller – CRB 10/2348

Índice para catálogo sistemático:
1. Programas de computador (software) 004.4
2. Empresas 658

BRASPORT Livros e Multimídia Ltda
Rua Washington Luís, 9, sobreloja – Centro
20230-900 Rio de Janeiro-RJ
Tels. Fax: (21)2568.1415/3497.2162
e-mails: marketing@brasport.com.br
vendas@brasport.com.br
editorial@brasport.com.br
www.brasport.com.br

Dedico este livro a meu filho Eduardo.

Tenha coragem para ir onde você não quer ir.

(Herman Melville)

Agradecimentos

A Deus, por ter me dado forças para que eu conseguisse ter calma e paciência para concluir este projeto, principalmente durante o período em que eu atualizei o conteúdo deste livro. Sei que esse período de pandemia não está sendo fácil para muitos.

A todos os profissionais de educação que dedicam seu tempo a passar conhecimento e lutam por uma educação de qualidade para todos, independentemente da área.

Aos colegas de trabalho do Grupo Globo, em especial à equipe BackOffice. É muito bom trabalhar com vocês.

Agradeço também à Gerente de Produção da Brasport, Marina Oliveira, por acreditar no meu trabalho e sempre me lembrar sobre a atualização desta edição do livro.

Apresentação

Existem muitas ferramentas no mercado para monitoramento, tanto software pago como livre. Esta obra tem o propósito de apresentar o Zabbix para os profissionais envolvidos em monitoração que não o conhecem e aprofundar os conhecimentos dos profissionais que já trabalham com esta ferramenta de monitoramento. Zabbix é um software livre de código aberto que tem se consolidado no mercado europeu e já possui muitos casos de sucesso no Brasil, com uma comunidade bem ativa de usuários.

Será abordado ao longo das páginas desta obra o conceito de toda a tecnologia que faz parte do Zabbix, desde a instalação até configurações avançadas de monitoramento de serviços. Você não se prenderá a apenas saber instalar e configurar esta ferramenta – mas entenderá também como funciona o mecanismo de coleta de informações, os itens a serem monitorados, as *triggers*, entre outros. A principal característica em um ambiente de monitoramento é saber o que realmente precisa ser monitorado e como será realizado o monitoramento.

Zabbix também é bastante flexível, e você verá que ele não se limita apenas a monitorar seus itens nativos. Com ele, é possível incrementar *scripts* e itens personalizados para o monitoramento se tornar mais completo e profissional.

Nesta segunda edição, abordarei os novos recursos presentes na versão 5 do Zabbix que certamente levarão você a adotar novas práticas ágeis que o momento atual de TI exige. O Zabbix 5 traz mais agilidade e facilidade de implementar recursos de maneira facilitada para monitorar não somente dispositivos de rede, mas também recursos de aplicativos e de plataformas atuais voltadas para o mundo *DevOps*.

Sobre o Autor

Janssen dos Reis Lima possui mais de vinte anos de experiência em tecnologia da informação. Bacharel em Sistemas de Informação pela FeMASS/UFF e pós-graduado em Administração em Redes Linux pela UFLA, atualmente ocupa o cargo de Administrador de Sistemas na equipe de projetos de monitoração do Grupo Globo. É autor do livro "Consumindo a API do Zabbix com Python", também publicado pela editora Brasport. Possui as certificações *Zabbix Certified Specialist* (ZCS) e *Zabbix Certified Professional* (ZCP), ambas na versão 5 do Zabbix.

Sumário

Introdução 1

1. Conceitos de Monitoramento 3
   1.1. Por que monitorar? 3
   1.2. Disponibilidade 3
   1.3. Planejamento de capacidade 4
   1.4. Comportamento não usual 5
   1.5. Segurança 5
   1.6. Performance 5

2. Zabbix 6
   2.1. Características do Zabbix 7
   2.2. Por que usar Zabbix? 8
   2.3. Arquitetura do Zabbix 9
   2.4. Componentes do Zabbix 10
      2.4.1. Server 10
      2.4.2. Proxy 10
      2.4.3. Agent 11
      2.4.4. Agent 2 11
      2.4.5. Java Gateway 11
      2.4.6. Sender 11
      2.4.7. Get 11

3. Instalação 12
   3.1. Requisitos de hardware 12
   3.2. Plataformas suportadas 12
   3.3. Requisitos de software 13
   3.4. Planejando o crescimento do banco de dados 13
   3.5. Obtendo o Zabbix 15
   3.6. Instalação do Zabbix via pacotes 16
   3.7. Criação e carga do banco de dados 17
   3.8. Configuração inicial 18
   3.9. Configuração da interface web do Zabbix 20

4. Conhecendo a Interface Web do Zabbix 25
4.1. Visão geral da interface web do Zabbix 27
4.1.1. Geral 30
4.1.2. *Proxy* 31
4.1.3. Autenticação 32
4.1.4. Grupo de Usuários 32
4.1.5. Usuários 32
4.1.6. Tipos de mídia 32
4.1.7. *Scripts* 33
4.1.8. Fila 33

5. Entendendo os Conceitos do Zabbix 34
5.1. *Host* 34
5.2. Item 34
5.3. *Trigger* 36
5.4. Evento 37
5.5. *Template* 37

6. Funções do Zabbix 39
6.1. Coletar 39
6.2. Armazenar 39
6.3. Gerenciar 40
6.4. Alertar 40
6.5. Visualizar 40

7. Monitoramento Básico 41
7.1. Criando um *host* 41
7.2. Criando itens para monitoramento 44
7.3. Criando uma *trigger* 46
7.4. Criando uma ação 50
7.5. Monitoramento ativo, passivo ou checagem simples 57

8. Gerenciamento de *Hosts* 62
8.1. Grupos de *hosts* 62
8.2. *Templates* 64
8.2.1. Criando um novo *template* 65
8.2.2. Importando um *template* 66
8.2.3. Botões de comando 68
8.3. *Hosts* 68
8.4. Aplicações 73
8.5. Itens 74
8.5.1. Pré-processamento de item 77
8.6. *Triggers* 82
8.7. Copiando configurações entre *hosts* e *templates* 86
8.8. Gráficos 88
8.8.1. Normal 88
8.8.2. Pilha (*Stacked*) 89

	8.8.3.	Torta (*Pie*)	89
	8.8.4.	Explodido (*Exploded*)	90
8.9.	Descoberta (LLD)	90
8.10.	Web	96
8.11.	Informações sobre o *host*	97

9. Gerenciamento de Usuários e Permissões ... 99

10. Visualizando os Dados Monitorados ... 105
- 10.1. *Dashboard* ... 105
  - 10.1.1. Criando um novo *dashboard* ... 107
- 10.2. Visão geral ... 108

11. Mapas, Telas e Relatórios ... 113
- 11.1. Mapas ... 113
- 11.2. Telas ... 117
- 11.3. Relatórios ... 118

12. Instalando o Zabbix Agent em *Hosts* Windows ... 121

13. Configurando Monitoramento Web ... 127
- 13.1. Monitoramento web simples ... 127
- 13.2. Monitoramento web com múltiplos passos ... 130

14. Configurando Monitoramento de Serviços de TI ... 136

15. Ampliando o Monitoramento com Parâmetros de Usuários ... 140

16. Comandos Remotos ... 143

17. Analisando *Logs* e Interpretando Erros Comuns ... 148

18. Monitoramento Distribuído com Zabbix Proxy ... 151
- 18.1. Instalação do Zabbix Agent2 para coletar informações do *proxy* ... 155
- 18.2. Configurando criptografia no Zabbix Proxy ... 157

19. Ferramentas Essenciais de Linha de Comando ... 159
- 19.1. zabbix_server ... 159
- 19.2. zabbix_agentd ... 160
- 19.3. zabbix_agent2 ... 161
- 19.4. zabbix_get ... 161
- 19.5. zabbix_sender ... 161
- 19.6. zabbix_proxy ... 162

20. Monitoramento SNMP ... 163
- 20.1. SNMP ... 163
- 20.2. SNMP TRAP ... 163
- 20.3. Instalação do pacote SNMP ... 164
- 20.4. Consultando informações de dispositivos SNMP ... 164
- 20.5. Cadastrando o item para monitoramento ... 166

21. Monitoramento IPMI 171
22. Integrações 176
    22.1. Prometheus 176
        22.1.1. Coletando métricas do Node Exporter 177
        22.1.2. Coletando métricas do Grafana 179
    22.2. Servidores web 182
    22.3. Banco de dados 184
    22.4. *Webhook* 186
23. Verificando a Saúde do Zabbix Server 192
24. API do Zabbix 196
25. Obtendo Ajuda 201
Índice Remissivo 203
Referências Bibliográficas 205

Introdução

Você é administrador de sistemas de uma empresa e está sempre sendo cobrado pelo seu gerente acerca das reclamações dos clientes quanto à disponibilidade dos serviços pela área de TI. Você ameniza a situação corrigindo alguns problemas imediatamente e ao final do dia vai para casa tranquilamente. Às 22h você recebe uma ligação de seu gerente reclamando que alguns serviços estão indisponíveis e que um dos servidores está fora do ar, impossibilitando entregar conteúdo para os clientes. Você liga seu *notebook* e tenta acessar a rede da empresa, porém sem sucesso, devido à indisponibilidade do serviço de *shell* remoto. Em vez de sair para um programa familiar, você vai para a empresa verificar o que aconteceu para corrigir os problemas.

No dia seguinte, quando chega ao escritório, seu gerente vai até a sua sala e cobra explicações sobre os problemas que ultimamente têm acontecido com a rede e com os serviços da área de TI.

Diante disso, você depara com as seguintes questões: como atuar de fato em busca de uma solução definitiva para resolver os problemas? Temos ferramentas para isso? Vou me basear em que histórico? Como poderei comprovar que o problema, por exemplo, está sendo causado por problemas de hardware, configuração mal feita etc.?

Respondendo às questões: você pode atuar com o auxílio de uma ferramenta de monitoramento para alertá-lo quando ocorrer algum problema em seu ambiente ou até mesmo para antecipar esses problemas. Com ela você poderá monitorar *hosts* e equipamentos em tempo real, tirar relatórios sobre o consumo dos recursos do sistema, verificar em que horário um serviço parou, entre outras métricas. Dessa forma, estará trabalhando de maneira proativa e terá tempo para resolver os problemas antes mesmo dos clientes perceberem. Esta é apenas uma de inúmeras situações pelas quais você poderá passar.

Esta obra apresentará os conceitos de monitoramento e a ferramenta Zabbix, auxiliando os leitores a implantar este excelente software em sua infraestrutura de TI.

Desejo que tire proveito das informações aqui apresentadas e consiga implantar o Zabbix como um produto final de monitoramento de redes e serviços.

1. Conceitos de Monitoramento

Neste capítulo, será dada certa atenção a questões de monitoramento, sobretudo o que está diretamente relacionado com o funcionamento do Zabbix. É claro que o assunto é muito extenso para ser tratado em uma obra sobre um assunto específico como esta. Por isso, sugiro ao leitor que procure livros sobre gerência de redes para ampliar seu aprendizado.

1.1. Por que monitorar?

Não é de hoje que as redes de computadores estão ficando cada vez mais importantes para as empresas. Hoje em dia, é uma infraestrutura indispensável e de missão crítica, ou seja, não pode parar. E de nada adianta ter a rede 100% operacional se o que mais interessa aos clientes são os serviços que funcionam através dela. Partindo deste princípio, precisamos saber o que devemos monitorar e por que devemos monitorar determinado serviço. Porém, os profissionais da área de tecnologia não podem resolver isso sozinhos. É preciso que haja um consenso entre os responsáveis por diversas áreas de uma empresa e a partir daí fazer um levantamento de todos os ativos e serviços envolvidos no processo de monitoração, para que seja definido o que de fato será monitorado.

1.2. Disponibilidade

Hoje em dia fala-se muito em acordo de nível de serviço. Realmente é um recurso importante para manter o nível de excelência de um serviço. As empresas devem firmar acordos com as áreas de tecnologia para definir qual é o limite que um serviço poderá estar indisponível. Este limite será o tempo que a equipe de analistas e administradores terá para que o serviço seja restabelecido sem impactar nos níveis acordados.

Um serviço, quando é importante, jamais poderá estar indisponível. Ocorrendo um imprevisto, deverá ter contingência de recursos para manter o serviço no ar sem que os clientes percebam que algum problema está acontecendo. Mesmo com um acontecimento desse tipo, o sistema de monitoramento deverá ser capaz de registrar eventos, alertando administradores sobre possíveis falhas. Também podemos chamar isso de reação a incidentes, que é a capacidade de um sistema tentar se restabelecer automaticamente através da execução de rotinas automáticas a partir de um acontecimento. Quando o sistema não consegue restabelecer um serviço automaticamente, poderá (e deve) enviar alertas por e-mail, mensageiros instantâneos e/ou SMS aos administradores, que atuarão para que o serviço volte ao ar o quanto antes, não gerando insatisfação dos clientes.

1.3. Planejamento de capacidade

Através das métricas coletadas, poderemos planejar a capacidade que um sistema terá ao longo do tempo observando o histórico de utilização de recursos como memória, processador, discos etc. Com o auxílio de gráficos e relatórios, o administrador terá uma visão clara para uma possível atualização de hardware, ou até mesmo analisar outros aspectos, tais como atualização de software, para verificação do comportamento do sistema, comparando em seguida o antes e o depois. Portanto, é preciso planejar a capacidade que um sistema deverá ter para atender à carga de trabalho dentro dos níveis estabelecidos.

Também é importante dimensionar os recursos, que, muitas vezes, são mal utilizados. Alguns têm muito e outros têm pouco. Um bom exemplo disso é um típico funcionário que tem um computador com capacidade de processamento, memória e até mesmo armazenamento de disco muito além do que é necessário para realizar as suas atividades. Chamamos isso de subutilização de recursos, que na maioria das vezes não serão usados para sua atividade fim, gerando assim um falso positivo nos relatórios de desempenho. Isso também ocorre com dimensionamento de recursos de servidores. Por outro lado, o dimensionamento tem um papel importante. Às vezes, podemos verificar que alguns servidores estão sobrecarregados e precisando de um *upgrade*. Ao analisarmos alguns gráficos, verificamos que outros servidores estão com recursos sobrando e possuem menos serviços rodando que o servidor sobrecarregado. Através desta análise, podemos dimensionar hardware ou serviços entre esses servidores para balancear a carga exercida sobre eles, contribuindo assim para um ciclo de vida maior para ambos. Com o uso de *containers* em *cluster*, o dimensionamento de recursos é mais bem gerenciado. Porém, sabemos que essa não é, ainda, a realidade da maioria das empresas.

1.4. Comportamento não usual

Imagine um servidor que provê vários serviços importantes para uma empresa. Por exemplo, um servidor web. Neste servidor está hospedado o site da sua empresa, que roda uma loja virtual. Diariamente você recebe e-mails de clientes diferentes reclamando da lentidão do site. Sem monitoração, não terá como você atuar de forma direta em um determinado problema. Você só identifica um comportamento fora do normal se estiver monitorando. A monitoração lhe dará um norte através de gráficos e relatórios para você atuar diretamente no problema para resolvê-lo, seja fazendo *upgrade* de um componente de hardware ou corrigindo uma configuração mal feita.

1.5. Segurança

Quando se trata de informação, logo se pensa em segurança. Para termos um ambiente seguro e estável é preciso tomar algumas providências, e umas delas é monitorar o sistema como um todo. É importante ter um ambiente monitorado para que se possa saber como o sistema está se comportando. É através do monitoramento e da análise de *logs* que podemos obter dados importantes para ter iniciativa do que fazer se algo estiver anormal.

1.6. Performance

Monitorar também é importante para obtermos dados de desempenho de determinadas métricas, como, por exemplo, a velocidade de um link de internet. Através do monitoramento você poderá gerar gráficos para comparar testes de *benchmarking*, escalabilidade, *stress* etc.

2. Zabbix

Zabbix é uma solução *open source* de monitoramento distribuído. É um software que monitora vários parâmetros de dispositivos de rede e a saúde e integridade de servidores, sistemas e aplicações.

Zabbix foi criado por Alexei Vladishev. A ideia surgiu quando ele trabalhava em um banco na Letônia como administrador de sistemas, pois não estava satisfeito com os sistemas de monitoramento com os quais estava trabalhando na época.

Em 2001 foi lançada a primeira versão do Zabbix sob a licença GPL. Em 2004 foi lançada a primeira versão estável. Já em 2005, devido a uma necessidade de tratar o Zabbix de uma forma mais profissional, foi instituída a empresa Zabbix SIA. A partir de 2006, o Zabbix foi evoluindo para o que conhecemos nos dias atuais, uma ferramenta consolidada no mercado, usada por diversas instituições e altamente discutida em vários canais de comunicação usados atualmente.

Para se ter uma ideia do interesse no Zabbix, observe a imagem a seguir.

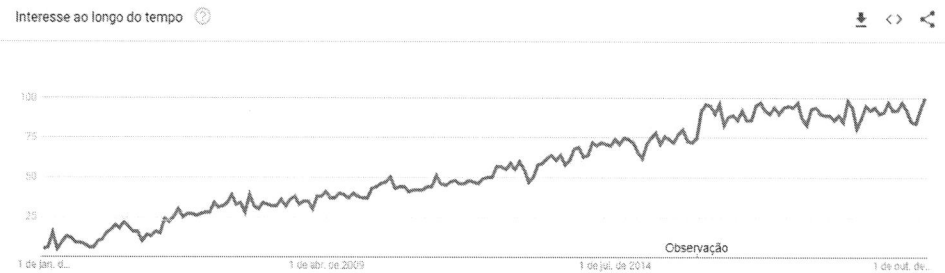

A imagem foi capturada do endereço <https://trends.google.com.br/trends/explore?date=all&q=zabbix> e mostra dados desde o ano de 2004 até o início de 2020.

Zabbix é uma plataforma bastante difundida e não está limitada a um nicho de serviço. Empresas privadas e governamentais estão utilizando o Zabbix, seja de pequeno, médio ou grande porte, em vários setores do mercado.

2.1. Características do Zabbix

Zabbix possui a capacidade de monitorar milhares de itens em apenas um servidor, além de ser possível ter um monitoramento distribuído. Dessa forma, podemos ter um servidor central de monitoramento e vários outros servidores subordinados a ele, coletando as métricas, fazendo o processamento dos itens e enviando para o servidor central armazenar as informações. Também é possível separar os servidores web, servidor de banco de dados e servidor de monitoramento para aumentar a flexibilidade e ganhar em desempenho. Você também pode executar o Zabbix em *containers* Docker e até usando um cluster Kubernetes. Além dessas possibilidades *on-premises*, você também pode executar o Zabbix em um ambiente *cloud* usando os principais *players* do mercado, como por exemplo: AWS, Azure, Google Cloud e Digital Ocean. O Zabbix tem imagens oficiais para esses provedores.

Zabbix possui um sistema de relatórios e gráficos bastante intuitivo, com fácil navegação entre datas e horários, sendo possível analisar os dados em tempo real. Toda a configuração de monitoramento é feita através de uma interface web rica em detalhes, na qual podem ser criados ações ou alertas com base nas métricas recebidas. Também é possível usar o software Grafana para ter *dashboards* com visualizações mais intuitivas dos dados do Zabbix. Nesta obra, falarei mais sobre o Grafana.

Zabbix é tão flexível que pode obter dados através de *scripts* customizados para alerta, ação, itens e comandos remotos, tornando possível o monitoramento de itens não nativos disponíveis na plataforma.

A listagem a seguir mostra as principais características do Zabbix:

- ➢ Servidores que rodam em sistemas *Unix-like*, incluindo Linux, AIX, FreeBSD, OpenBSD, NetBSD, HP-UX, Solaris e Mac OS X.
- ➢ Agentes nativos para *Unix-like* e versões do Microsoft Windows.
- ➢ Administração e monitoramento via interface web.
- ➢ *Discovery* de servidores e dispositivos de redes.
- ➢ Escalabilidade.
- ➢ Flexibilidade.
- ➢ Monitoramento agregado.

- Monitoramento distribuído.
- Monitoramento em tempo real.
- Monitoramento proativo.
- Integração com diversos sistemas.
- Sistema de notificação via e-mail, SMS, *webhook e scripts customizados*.
- Autenticação segura de usuários.
- Permissões de usuários e grupos.
- Visualização de relatórios, gráficos, telas e mapas.
- Monitoramento de SLA.

2.2. Por que usar Zabbix?

Zabbix é uma ferramenta *open source* com as vantagens da licença GPL, ou seja, além de não ser necessária a aquisição de licenças para uso, é possível modificar seu código para atender a uma necessidade específica.

Zabbix é fácil de ser configurado. Todas as suas informações são armazenadas em um banco de dados relacional – opcionalmente você pode usar um banco *time series* para os dados de histórico e de estatísticas – e também possui suporte a SNMP, dispositivos IPMI, monitoramento JMX, APIs, web, banco de dados, monitoramento nativo para VM Ware e muito mais.

Zabbix integra todas as aplicações de que um sistema de monitoramento necessita, sem a necessidade de *plug-ins,* e é totalmente personalizável a qualquer tipo de ambiente.

Zabbix oferece um pacote completo, com mapas de rede, gráficos e telas, envio de alertas por diversos tipos de mídia, além de poder executar ações, como, por exemplo, um comando remoto para recuperar um serviço sem a intervenção do administrador ou até mesmo abrir eventos e incidentes em sistemas ITSM.

Nos dias atuais, com tantas ferramentas de monitoração disponíveis, algumas no contexto de *cloud native*, você pode se perguntar: por que ainda se utiliza Zabbix em um ambiente *DevOps* com tantas opções no mercado? A resposta é que o Zabbix, além de fazer a integração com diversas ferramentas, é uma excelente opção de ferramenta centralizada para uma empresa utilizar. Ninguém quer trabalhar acessando diversas ferramentas. O ideal é integrar as ferramentas e fazer com que todos os alertas sejam disparados por uma ferramenta centralizada.

2.3. Arquitetura do Zabbix

A arquitetura do Zabbix se organiza, dentro do contexto dos serviços de rede, no modelo **three-tier**, que faz uma abordagem em três camadas. Essas camadas são: a aplicação, o banco de dados e a interface web.

A camada de aplicação é representada pelo *backend,* responsável por fazer a coleta dos dados nos ativos de rede. A camada de banco de dados é representada pela base de dados, que fica responsável por armazenar as informações coletadas pelo *backend* e apresentá-las ao *frontend*. Já a camada interface web é representada pelo *frontend*, o qual dá acesso a informações de monitoramento aos administradores e também fornece informações para aplicações que utilizam a API do Zabbix.

Podemos observar a figura a seguir, que ilustra a arquitetura do Zabbix:

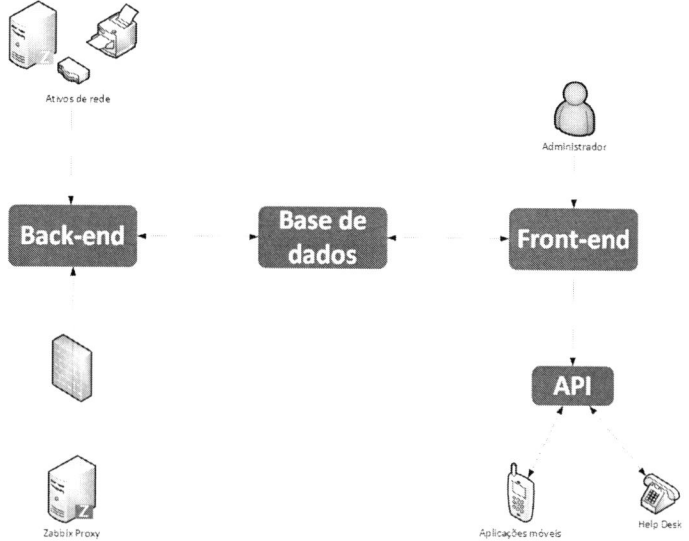

O *backend* do Zabbix foi desenvolvido com a linguagem C e o *frontend* foi desenvolvido em PHP. O Zabbix também foi desenvolvido para suportar os principais SGBDs do mercado. A partir da versão 1.8, o Zabbix introduziu uma API para integrar outros sistemas, como, por exemplo, um sistema de registro de chamados. Essa integração é feita pelo formato de intercâmbio de dados computacionais JSON.

Como podemos observar na imagem anterior, no bloco representado pelo *backend*, temos um componente chamado Zabbix Proxy. Não podemos confunfir o Zabbix Proxy com um Proxy Web. Esse nem é o objetivo desta obra. Por ora, basta você saber quem cada um faz uma função. A função do Zabbix Proxy será explicada no item 2.4.2. Importante saber que, no contexto dessa imagem, o Zabbix Proxy não é representado apenas por um elemento. Ele pode ser representado por N elementos, podendo ser de uso de localidades distintas e até diferenciados por tipo de tecnologia utilizada na coleta das métricas do monitoramento. E, quando o Zabbix Proxy é utilizado, podemos ter os ativos de rede abaixo dele, assim como estes estão representados na imagem, conectados diretamente ao bloco do *backend*.

Além de uma infraestrutura tradicional, essa arquitetura do Zabbix pode ser facilmente aplicada em arquiteturas de nuvem (*cloud infrastructure*). Você consegue utilizar os componentes do Zabbix em *containers* Docker e, consequentemente, orquestrar esses *containers* em um *cluster* Swarm, Kubernetes etc.

2.4. Componentes do Zabbix

Dentro dessa arquitetura que acabamos de conhecer, existem três elementos principais que representam o *backend* e fazem, de fato, todo o trabalho pesado do Zabbix. São eles: Zabbix Server, Zabbix Proxy e Zabbix Agent.

2.4.1. Server

É o componente principal do Zabbix. Agentes e *Proxies* reportam dados sobre disponibilidade e integridade dos sistemas diretamente a ele, que armazena os dados coletados na base de dados. Esses dados são acessíveis através do *frontend* (interface web). Também é o componente responsável por fazer o processamento dos alertas, disparar os alarmes, realizar a limpeza de dados e outras tarefas sob sua responsabilidade.

2.4.2. Proxy

Este elemento é opcional em pequenas instalações. O Zabbix Server não depende dele para funcionar. O Zabbix Proxy *é o* componente responsável por fazer a coleta em clientes remotos. Ele é um agregador de dados que faz a coleta dos clientes na rede remota em nome do Zabbix Server. Após a coleta, o Zabbix Proxy consolida esses dados e transmite pacotes com todos os dados para o Zabbix Server. O hardware utilizado pelo Zabbix Proxy não precisa ter o mesmo desempenho requerido pelo Zabbix Server e sua manutenção é praticamente zero. Para termos uma noção do que o Zabbix Proxy necessita de hardware, ele pode ser instalado em um *Raspberry Pi* (menor computador do mundo, que possui seu hardware integrado em uma única placa). Mesmo sendo um componente opcional, você pode utilizar o Zabbix Proxy em instalações locais para distribuir a carga de dados. Uma boa solução em grandes ambientes é separar os *proxies* por tipo de coleta (SNMP, banco de dados, JMX etc.)

2.4.3. Agent

É o cliente instalado no alvo de monitoramento que se reporta para o Zabbix Server ou para o Zabbix Proxy. Ele foi desenvolvido para ter um baixo consumo de recursos computacionais e não impactar o ambiente monitorado.

2.4.4. Agent 2

Nova geração do Zabbix Agent. Foi desenvolvido para reduzir o número de conexões TCP e ser facilmente extensível com o uso de *plugins*, além de outras funcionalidades.

2.4.5. Java Gateway

Processo nativo do Zabbix para monitorar aplicativos JMX. Roda em forma *daemon* chamado "Zabbix Java gateway".

2.4.6. Sender

Utilitário de linha de comando que pode ser usado para enviar métricas para o Zabbix sem depender do uso de agente, tanto passivo como ativo.

2.4.7. Get

Utilitário disponibilizado que pode ser utilizado para se comunicar com o agente do Zabbix e recuperar informações de itens. Ideal para testar a coleta de um item e saber se este está sendo suportado para entregar as métricas de acordo com as configurações.

> **CONCLUSÃO**
>
> **Este capítulo descreveu o Zabbix, suas características e arquitetura, além de apresentar seus principais componentes. Esses são conceitos essenciais para entender onde e como o Zabbix pode ser aplicado como ferramenta principal para o monitoramento em sua empresa, seja monitorando sua infraestrutura, serviços e aplicações, integrando com outros sistemas e até mesmo sendo usado como um *hub* para gerar alertas e notificações de outras ferramentas, atuando como uma ferramenta principal em um centro de operações de redes.**

3. Instalação

Antes de partirmos para a parte prática da instalação, é necessário apresentar os requisitos mínimos para que o Zabbix seja instalado. Este capítulo não tem somente o propósito de ensinar como instalar o Zabbix tal como uma receita de bolo, mas também o de explicar o porquê. O ideal é você ler, entender e executar os comandos deste capítulo para que possamos prosseguir com os capítulos posteriores. Portanto, se este é o seu primeiro contato com o Zabbix, será crucial o entendimento deste capítulo.

3.1. Requisitos de hardware

Zabbix requer um mínimo de 128 MB de memória RAM e 256 MB de espaço livre em disco. Logicamente, tratando-se de um sistema que alimenta suas informações em banco de dados, precisa-se de mais memória física e armazenamento em disco. Isso é necessário quando a quantidade de *hosts* monitorados e a quantidade de parâmetros configurados são extensas. Essa questão também é válida para o processador que será utilizado no servidor.

Para grandes ambientes é recomendado que se use o servidor de banco de dados separado do Zabbix Server, evitando assim a concorrência por processador e memória entre ambos.

3.2. Plataformas suportadas

Zabbix foi desenvolvido e testado para funcionar nas seguintes plataformas:

- Linux
- IBM AIX
- FreeBSD
- NetBSD

- OpenBSD
- HP-UX
- Mac OS X
- Solaris
- Windows XP e superiores (apenas Zabbix Agent)

Nesta obra foi utilizada a distribuição CentOS 8 para demonstrar os processos de instalação e também a execução dos comandos exibidos ao longo dos capítulos. Sugiro que o leitor utilize a mesma distribuição, podendo ser através da instalação de uma máquina virtual usando VirtualBox, VMware etc.

3.3. Requisitos de software

Para o funcionamento do Zabbix, alguns softwares são necessários. A tabela a seguir exibe a lista dos softwares e suas versões mínimas suportadas.

Software	Versão mínima
Apache	1.3.12
PHP com suporte ctype, bcmath, gettext, ldap, *session*, *sockets*, *mbstring*, *xmlreader*, *xmlwriter*	7.2.0
PHP GD	2.0.28
PHP libXML	2.6.15
MySQL*	5.5.62, 8.0.x (MariaDB 10.0.37)
Oracle*	11.2
PostgreSQL*	9.2.24
TimeScaleDB**	1.0
SQLite*	3.3.5

A escolha do banco de dados deverá ser entre os itens marcados com asterisco (*) da tabela anterior. Somente um banco de dados é necessário para o Zabbix armazenar os dados coletados. Observe que o uso do TimescaleDB marcado com dois asteriscos (**) está condicionado à instalação do PostgreSQL.

3.4. Planejando o crescimento do banco de dados

A primeira vez que eu estava instalando o Zabbix para testá-lo, parei para pensar em qual seria o tamanho do meu banco de dados após alguns meses de uso. Após algumas buscas no fórum de discussão oficial do Zabbix, vi um *post* que informava que no manual do Zabbix havia um tópico com a informação que eu desejava. Você pode encontrar essa informação na parte *Database size* no seguinte endereço: <https://www.zabbix.com/documentation/5.0/manual/installation/requirements>.

Como é algo muito importante para a implementação do sistema de monitoramento, resolvi reservar um espaço nesta obra para compartilhar essa informação e tentar explicar de forma que o leitor possa compreender melhor.

O tamanho do banco de dados do Zabbix depende principalmente das seguintes variáveis: número de valores processados por segundo (VPS), dados históricos, dados estatísticos e dados de eventos. Estas são as principais variáveis que definem a quantidade de dados armazenados historicamente, o que faz com que o banco cresça continuamente. Os dados oriundos de outras variáveis, por exemplo: *hosts*, *templates*, usuários etc., não contribuem para um amplo crescimento do banco de dados, pois, uma vez cadastrados, já terão seu espaço em disco sendo utilizado e não há como crescer demasiadamente, como acontece com as principais variáveis. Logicamente, tudo dependerá de como seu ambiente estará configurado, levando em consideração o número de *hosts* e, principalmente, o número de itens configurados, seu intervalo de coleta e com monitoramento ativado.

Desenvolvi uma ferramenta simples em Python para fazer o cálculo do tamanho da base de dados do Zabbix, fundamentado nas informações solicitadas. O objetivo dessa ferramenta é exibir o tamanho do espaço em disco que você terá que providenciar em sua instalação para o Zabbix usar para o armazenamento das informações coletadas durante o monitoramento.

Essa ferramenta está disponibilizada no GitHub no seguinte endereço: <https://github.com/janssenlima/Zabbix-Database-Planning>. Para usar a ferramenta, execute os seguintes comandos:

```
$ git clone https://github.com/janssenlima/Zabbix-Database-Planning
$ pip install -r requirements.txt
$ chmod +x zabbix-db-plan.py
$ python zabbix-db-plan.py
```

> Obs.: talvez seja necessário instalar o pacote *git* em seu sistema. Por exemplo: caso você esteja usando Debian, execute: apt install git.

3.5. Obtendo o Zabbix

Existem cinco maneiras de instalar o Zabbix. São elas:

- Pacotes de distribuições
- Imagens de provedores *cloud*
- Imagens de *containers*
- Imagens *Appliance*
- Código-fonte

A versão do Zabbix abordada nesta obra será a 5.0 LTS. Será demonstrada a instalação através de pacotes de distribuições.

Sobre o uso das demais maneiras de instalação do Zabbix, cada uma tem sua particularidade. A instalação por imagens de provedores *cloud* se faz com imagens específicas para os principais *players* no mercado: AWS, Microsoft Azure, Google Cloud e Digital Ocean. O uso dessas imagens, no meu ponto de vista, se assemelha ao uso de imagens *Appliance*. Devem ser usadas para testar a ferramenta em alguma plataforma. Quem se propõe a levar uma infraestrutura de monitoração para a nuvem raramente irá subir um ambiente com imagens *default*. Assim como não recomendo o uso de imagens *default* em ambiente de nuvem, também não recomendo o uso de imagens *Appliance* em ambientes *on-premises*. Reforçando, use essas imagens apenas para testar a plataforma de monitoração, jamais use-as em ambiente de produção. O uso de instalação através de código-fonte é recomendado quando se deseja personalizar o ambiente a ser instalado, não compilando determinadas *features* do Zabbix ou até mesmo instalando em plataformas Unix que não têm pacotes de distribuição do Zabbix disponíveis oficialmente.

Para ver a listagem das imagens, dos pacotes e das distribuições que o Zabbix disponibiliza para instalação, acesse <https://www.zabbix.com/download>.

Todos os comandos executados para a instalação do Zabbix e dos pacotes necessários contidos nesta obra foram feitos sob o GNU/Linux CentOS 8. Para a nossa prática, também utilizaremos o SGBD MySQL. Então, mãos à obra.

> Nota: é bem provável que, no momento em que você estiver lendo este livro, o Zabbix já esteja disponível em uma versão mais atualizada. Isso não implicará em nada no acompanhamento desta obra.

3.6. Instalação do Zabbix via pacotes

Veremos como realizar a instalação do Zabbix usando a distribuição CentOS 8, composta por uma base de dados, um servidor e um cliente de monitoramento, todos rodando na mesma máquina. Também veremos como configurar a interface web do Zabbix para acessar o banco de dados MySQL.

A instalação do Zabbix é bem simples de ser executada e todos os procedimentos mostrados aqui foram replicados da própria documentação do Zabbix, disponível em <https://www.zabbix.com/documentation/current/manual/installation/install_from_packages/rhel_centos> ou <https://www.zabbix.com/download>.

Antes de iniciarmos o processo de instalação do Zabbix, sugiro que faça algumas configurações simples no CentOS. Estou levando em consideração que você esteja instalando o CentOS em um ambiente de laboratório para fazer testes, ou seja, seu sistema acabou de ser instalado e está com as configurações padrões pós-instalação. Então, desativaremos o SELinux e o *firewall* do CentOS para facilitar o funcionamento do Zabbix em um ambiente de laboratório. Para essa primeira instalação, seguiremos com a desativação desses dois recursos executando os comandos a seguir:

```
# sed -i 's/^SELINUX=.*/SELINUX=disabled/g' /etc/selinux/config
# systemctl disable firewalld
# systemctl stop firewalld
```

O comando **sed** faz a alteração do parâmetro **SELINUX** para o termo *disabled* dentro do arquivo de configuração */etc/selinux/config*. Para desativar o SELinux sem a necessidade de reiniciar o sistema, execute o comando a seguir:

```
# setenforce 0
```

Como vimos no tópico 3.3, o Zabbix tem algumas dependências de software para funcionar. Uma dessas dependências é o SGBD MySQL. O pacote do MySQL não é selecionado como dependência ao instalarmos o Zabbix, isso porque o pacote do Zabbix para CentOS não traz como dependência o MySQL, pois você pode optar por usar o MySQL ou o MariaDB.

Com isso, devemos instalar o SGBD antes da instalação dos pacotes do Zabbix. Nesta obra, vamos optar por utilizar o MySQL. Execute o seguinte comando:

```
# dnf install mysql-server
```

Execute os seguintes comandos para iniciar o MySQL e habilitar o início automático do serviço:

```
# systemctl start mysqld
# systemctl enable mysqld
```

Agora sim, tudo pronto para seguirmos com o processo de instalação do Zabbix. Precisamos fazer a instalação do repositório do Zabbix. No terminal do seu CentOS, execute o seguinte comando:

```
# rpm -Uvh https://repo.zabbix.com/zabbix/5.0/rhel/8/x86_64/zabbix-release-5.0-1.el8.noarch.rpm
# dnf clean all
```

Com o repositório instalado, agora podemos executar o comando para realizar a instalação do pacote do Zabbix:

```
# dnf install zabbix-server-mysql zabbix-web-mysql zabbix-apache-conf zabbix-agent
```

Observe que a saída do comando de instalação dos pacotes do Zabbix selecionou vários pacotes extras. Esses são os pacotes dependentes de todos os recursos que selecionamos no comando de instalação. Uma das dependências que foram instaladas são os pacotes do PHP. Outro detalhe importante é que selecionamos o Apache como servidor web. Caso você opte por usar o Nginx, o comando de instalação seria:

```
# dnf install zabbix-server-mysql zabbix-web-mysql zabbix-nginx-conf zabbix-agent
```

3.7. Criação e carga do banco de dados

Partiremos agora para a criação da base de dados do Zabbix e também para a carga de dados. Esta carga nada mais é do que copiar os esquemas e dados nas tabelas criadas que serão utilizadas no banco de dados do Zabbix.

Nele, executaremos os comandos para conceder o acesso ao usuário **zabbix** na base de dados que será criada, a qual chamaremos de **zabbix**. Digite os seguintes comandos:

```
# mysql -uroot -p
mysql> create database zabbix character set utf8 collate
utf8_bin;
mysql> create user zabbix@localhost identified by 'password';
mysql> grant all privileges on zabbix.* to zabbix@localhost;
mysql> quit;

# zcat /usr/share/doc/zabbix-server-mysql*/create.sql.gz | mysql
-uzabbix -p zabbix
```

O ultimo comando solicitará uma senha. Insira a senha informada na execução do comando **grant all privileges** do passo anterior, que no nosso caso foi 'password'.

> **Obs.:** caso seu servidor MySQL esteja configurado com senha, execute o comando com o parâmetro -p<senha>. O comando exibido anteriormente foi executado sem senha, pois foi a primeira execução do MySQL e não foi definida senha de acesso. Para definir uma senha de acesso para o usuário root do MySQL, execute mysql_secure_installation.

ATENÇÃO: caso o comando **zcat** der erro, verifique se a pasta **/usr/share/doc/zabbix-server-mysql** existe.

Explicação dos comandos:

- **create:** cria a base de dados com o nome zabbix.
- **grant all privileges:** configura permissão para o usuário zabbix ter acesso a todas as tabelas do banco zabbix (zabbix.*) utilizando a senha password.

O comando **zcat** vai descompactar o arquivo create.sql.gz executando em seguida o MySQL passando o usuário zabbix (-uzabbix), solicitando a senha (-p) e informando a base de dados (zabbix) que receberá as informações contidas no arquivo create.sql.gz.

3.8. Configuração inicial

Neste ponto, já temos os pacotes do Zabbix instalados e nossa base de dados configurada. Logicamente, não tem nada funcionando ainda. Vamos editar o arquivo **zabbix_server.conf** e adicionar a senha que criamos no processo de geração da base de dados no parâmetro **DBPassword**:

```
# nano /etc/zabbix/zabbix_server.conf
DBPassword=password
```

Também iremos configurar o *timezone* usado na configuração do PHP. Vamos editar o arquivo **/etc/php-fpm.d/zabbix.conf**. Procure pela linha **php_value[date.timezone]** e altere seu valor para **America/Sao_Paulo**. Descomente essa linha retirando o ';' (ponto e vírgula) e o espaço antes do termo **php value**:

```
# nano /etc/php-fpm.d/zabbix.conf
php_value[date.timezone] = America/Sao_Paulo
```

Para finalizar a instalação do *core* do Zabbix, habilitaremos os serviços e os iniciaremos pela primeira vez. Execute os seguintes comandos:

```
# systemctl enable zabbix-server zabbix-agent httpd php-fpm
# systemctl restart zabbix-server zabbix-agent httpd php-fpm
```

Finalizamos aqui a etapa de instalação do Zabbix Server e de sua base de dados. Neste momento, nosso servidor está totalmente funcional na camada de aplicação, que é a base do sistema de monitoramento. O servidor está rodando e o agente pronto para coletar as informações para serem armazenadas em seu banco de dados. Para garantir que tudo deu certo, podemos executar o comando **systemctl status zabbix-server** e verificar se este se encontra em execução. Você verá uma saída parecida com a seguir:

- ```
  zabbix-server.service - Zabbix Server
     Loaded: loaded (/usr/lib/systemd/system/zabbix-server.
  service; enabled; vendor preset: disabled)
     Active: active (running) since Sat 2020-05-16 19:19:06 -03;
  1min 52s ago
   Main PID: 5106 (zabbix_server)
      Tasks: 38 (limit: 2845)
     Memory: 29.0M
     CGroup: /system.slice/zabbix-server.service
             ├─5106 /usr/sbin/zabbix_server -c /etc/zabbix/zabbix_
  server.conf
  ```

A seguir, veremos a configuração da interface web do Zabbix, assunto que será abordado a seguir.
  ```

3.9. Configuração da interface web do Zabbix

Para finalizar a instalação do Zabbix, precisamos configurar sua interface web. Poderemos acessar sua interface através de um *browser* (Chrome, Firefox etc.) para darmos continuidade à instalação.

Digite o seguinte endereço no seu *browser:* **http://<ip_servidor>/zabbix**. Surgirá a tela de introdução, conforme a figura a seguir:

Continuando, clique em 'Next step'.

A próxima etapa exibe os pré-requisitos necessários para o bom funcionamento do ambiente web. Aparecendo alguma falha de configuração ou versão de algum software, devemos corrigir antes de continuarmos a instalação. Além do mais, o botão 'Next step' só será habilitado quando todos os pré-requisitos estiverem satisfeitos. Precisamos alterar os valores de acordo com os requisitos necessários. Os itens que aparecerem com *status Fail* (vermelho) devem ser obrigatoriamente corrigidos. Os que estão com *status* OK (verde) possuem o parâmetro recomendado e aqueles com *status* OK (laranja) preenchem o requisito mínimo para funcionamento. Para configurarmos esses parâmetros devemos editar o arquivo de configuração do PHP para o Zabbix, que se encontra em **/etc/php-fpm.d/zabbix.conf**, e alterar conforme o que se pede.

Instalação **21**

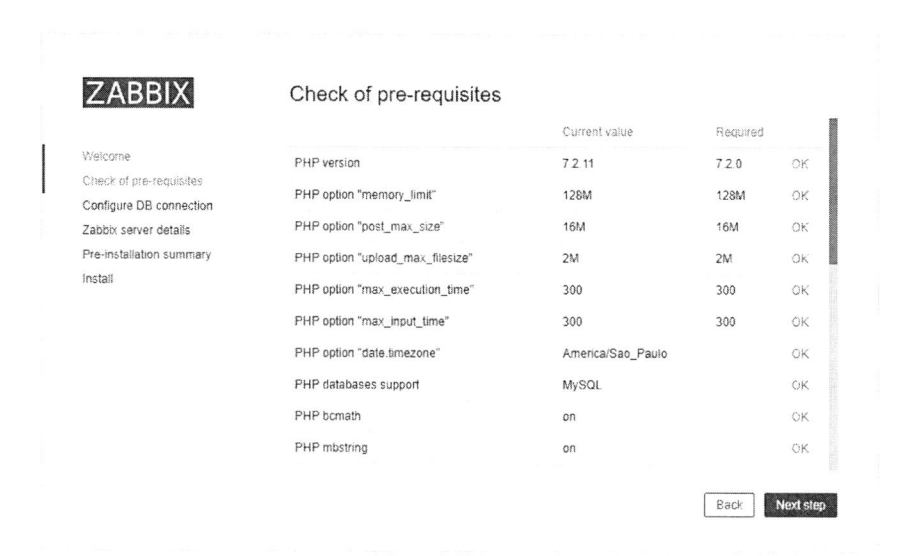

	Current value	Required	
PHP version	7.2.11	7.2.0	OK
PHP option "memory_limit"	128M	128M	OK
PHP option "post_max_size"	16M	16M	OK
PHP option "upload_max_filesize"	2M	2M	OK
PHP option "max_execution_time"	300	300	OK
PHP option "max_input_time"	300	300	OK
PHP option "date.timezone"	America/Sao_Paulo		OK
PHP databases support	MySQL		OK
PHP bcmath	on		OK
PHP mbstring	on		OK

Clique em 'Next step' para continuar.

A próxima etapa é a configuração da conexão com o banco de dados, conforme mostrado na figura a seguir. Nesta tela deveremos informar o nome do banco, o usuário de conexão e a senha para acesso ao banco de dados, informações que definimos no tópico 3.8, configuração inicial.

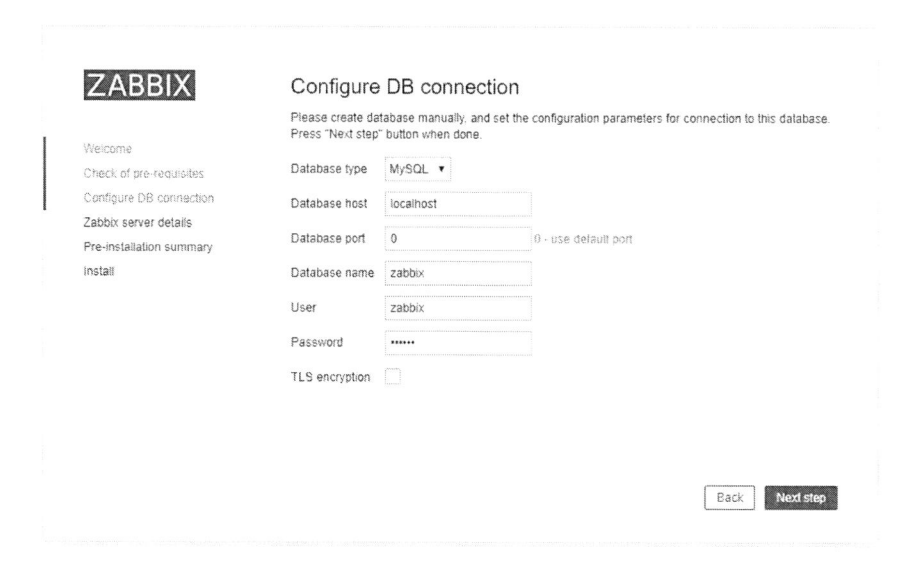

Configure DB connection

Please create database manually, and set the configuration parameters for connection to this database. Press "Next step" button when done.

Database type	MySQL
Database host	localhost
Database port	0 (0 - use default port)
Database name	zabbix
User	zabbix
Password	******
TLS encryption	☐

Os itens que deveremos modificar para nosso exemplo são:

```
Database name = zabbix
User = zabbix
Password = password
```

Clique em 'Next step'. Caso ocorra algum erro, verifique se digitou os dados corretamente.

A quarta etapa da configuração do Zabbix Server se refere aos detalhes do servidor, como o nome do *host* e a porta em que o *backend* do Zabbix se conectará. É possível também informar um nome que será exibido na interface web. Clique em 'Next step'.

A quinta etapa nos mostra um resumo dos parâmetros configurados. Revise-os e, se estiver tudo correto, clique em 'Next step'.

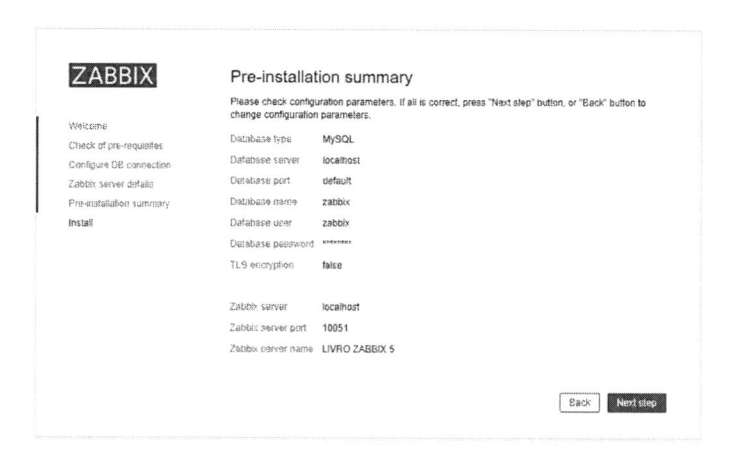

A sexta etapa é apenas para informar que o arquivo de configuração foi gravado no sistema e a configuração da interface web foi completada.

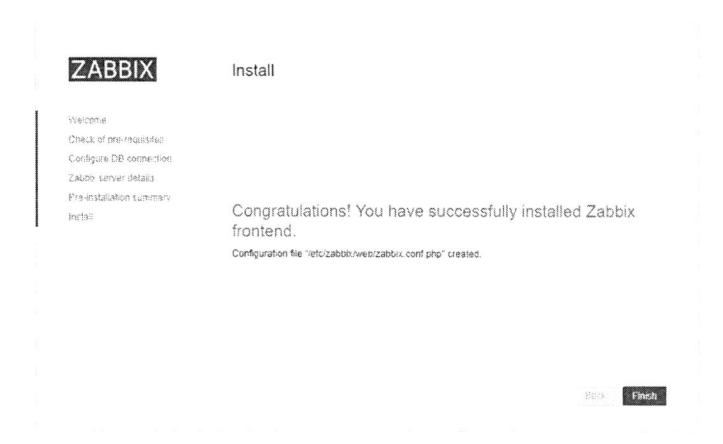

Por último, clique em 'Finish'. Aparecerá a tela inicial de *logon* do Zabbix, como mostrado na figura a seguir.

CONCLUSÃO

Vimos neste capítulo que a instalação do Zabbix envolve muitas tecnologias. Se você planeja instalar o Zabbix como principal sistema de gerenciamento de rede de uma organização, o ideal é separar os servidores de banco de dados e o do Zabbix. Também é recomendado separar a camada de aplicação da camada de apresentação, ou seja, os binários ficariam instalados em um servidor e a interface web (*frontend*) em outro. Separando os servidores, você garante que o Zabbix não tenha concorrência na utilização de recursos de CPU e memória.

> Como vimos ao longo do capítulo, também existem outras configurações opcionais que podemos utilizar, como o uso do SELinux, *firewall* e também conexão criptografada com a base de dados. Em grandes corporações e também em equipes ágeis, o Zabbix é utilizado usando *containers* Docker. Eu já tive experiência de trabalhar com Zabbix em diversos cenários, incluindo com *cluster* orquestrando *containers* com os módulos do Zabbix separados em serviços. Não é algo fácil de explicar em um livro devido à complexidade de configuração e também às personalizações de ambiente, projeto de rede etc. que cada empresa tem. Porém, sugiro que o leitor estude essas novidades para que possa estar implantando o Zabbix usando essas técnicas.

4. Conhecendo a Interface Web do Zabbix

No capítulo anterior aprendemos a fazer a instalação completa do Zabbix utilizando o procedimento presente na própria documentação do site oficial, fornecendo apenas algumas informações importantes que são detalhes na distribuição que escolhemos para fazer a instalação. O objetivo deste capítulo é apresentar a interface web do Zabbix para que, mais à frente, possamos configurar o monitoramento de um ambiente que iremos simular. Essa parte teórica é importante para que você não perca tempo quando for implementar o Zabbix em diferentes ambientes. Assimilando bem a parte teórica, você mesmo irá criar um mecanismo de sequência das configurações que deverão ser realizadas, ou até mesmo poderá criar automações para realizar tais procedimentos. Isso é único, não existe uma fórmula de fazê-lo, cada um faz a sequência que for conveniente. Logicamente, existem algumas dependências que logo você conseguirá assimilar.

Como esta obra está escrita no idioma português, aprenderemos inicialmente como alterar o idioma de exibição da interface web. Faça o *logon* na interface web do Zabbix com usuário e senha padrão do sistema.

```
Usuário = Admin
Senha = zabbix
```

A tela inicial do Zabbix será exibida, conforme a imagem a seguir.

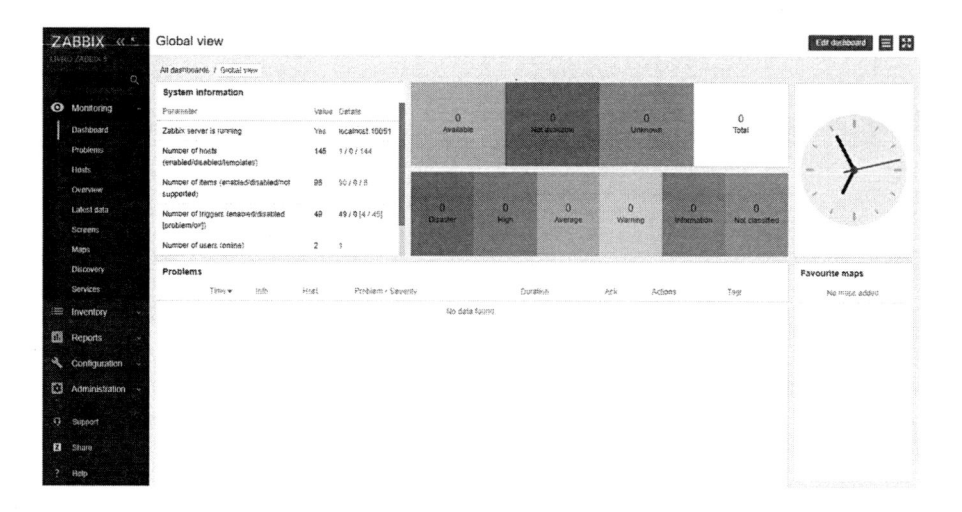

Em seguida, clique em 'User settings' no menu lateral, conforme a imagem a seguir:

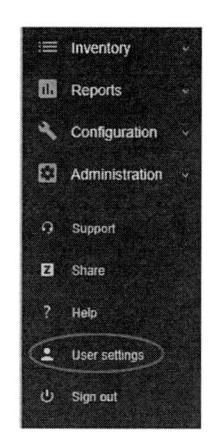

Será exibido:

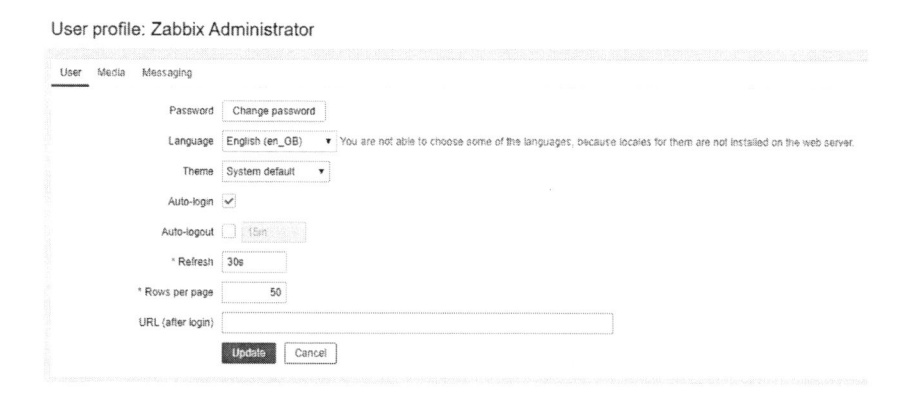

Em 'Language', selecione 'Portuguese (pt_BR)' e clique em 'Update'. Automaticamente a interface web será traduzida para o idioma selecionado.

> **Obs.:** a frase exibida ao lado do campo 'Language' pode ser ignorada. Apenas é um aviso de que nem todos os pacotes de idiomas suportados pelo Zabbix estão instalados. Se no momento da instalação da distribuição Linux você não selecionou o idioma Português Brasileiro, provavelmente você não conseguirá selecionar o idioma nessa opção. Para resolver isso, você precisará instalar o pacote de idomas na sua distribuição. No CentOS 8, para instalar o pacote de idoma Português Brasileiro execute o comando dnf install langpacks-pt_BR.

Agora que já estamos com a interface em português, vamos explorá-la.

4.1. Visão geral da interface web do Zabbix

Após fazer *logon* no Zabbix como o usuário **Admin**, a tela principal da interface será exibida (como vimos antes). No canto esquerdo da tela está localizado o menu principal que utilizaremos.

A seguir relacionamos as características de cada item:

> **Monitoramento:** através deste menu você será capaz de visualizar dados, problemas, níveis de serviços e tudo relacionado ao monitoramento do seu ambiente.
> **Inventário:** aqui você tem acesso aos dados de inventário dos sistemas monitorados, caso tenham sido preenchidos no cadastro de *hosts*.
> **Relatórios:** você poderá verificar o *status* do Zabbix Server, emitir relatórios de disponibilidade, verificar as *triggers* mais ativas etc.

➤ **Configuração:** nesta opção configuramos tudo o que está relacionado ao monitoramento do ambiente: inclusão de *hosts, templates*, notificações, ações etc.

➤ **Administração:** nesta área realizamos as configurações gerais do Zabbix: métodos de autenticação, cadastro de usuários e permissões, configuração de idioma etc.

No canto superior à esquerda desse menu, temos o logo do Zabbix e, abaixo dele, o nome que configuramos na parte de instalação da interface web do Zabbix. Neste exemplo, eu informei LIVRO ZABBIX 5. No canto superior direito temos duas opções, que são: recuar o menu e ocultar o menu. Boas opções para ganharmos mais espaço de tela na interface web do Zabbix.

Mais abaixo no menu estão localizados alguns links: **Suporte, Share e Ajuda** (esses links são, respectivamente, para acesso à página de suporte diretamente no site oficial do Zabbix, ao site de compartilhamento de templates, *scripts* e projetos da comunidade e à documentação oficial do Zabbix); também temos as opções para **configuração do perfil (User settings)** do usuário logado e para se **desconectar** da interface web do Zabbix. A figura a seguir mostra o menu aqui descrito.

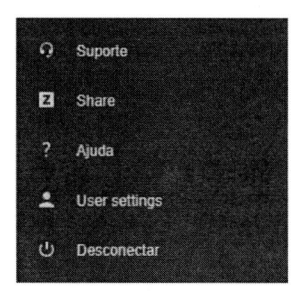

No canto superior direito, temos algumas opções que são exibidas conforme a tela que estivermos navegando no momento. Por exemplo: na tela de *dashboard*, temos as seguintes opções:

Essas opções são para editar o *dashboard* atual, onde poderemos ajustar seu layout, adicionar ou remover os *widgets*. No botão do meio temos as ações que queremos tomar no *dashboard* exibido. Essas ações podem ser: compartilhar, criar um novo *dashboard*, clonar o *dashboard* atual ou excluí-lo. Por último, o botão do modo quiosque. Esse botão é exibido apenas para as opções presentes no menu 'Monitoramento'

e expande a tela para um melhor aproveitamento. Geralmente nos telões de NOC essa opção é ativada.

Por último, no canto inferior (centralizado), é exibida a versão do Zabbix e uma frase de *copyright* da Zabbix SIA.

Para verificarmos se a instalação está funcionando, aponte o cursor do mouse para o menu 'Monitoramento' e em seguida clique em 'Dashboard'. Visualizaremos o *dashboard* 'Global view'. No *widget* 'Informação do sistema', teremos a seguinte imagem:

Informação do sistema		
Parâmetro	Valor	Detalhes
Zabbix está rodando	Sim	localhost:10051
Quantidade de hosts (habilitados/desabilitados/templates)	145	0 / 1 / 144
Quantidade de itens (habilitados/desabilitados/não suportados)	96	0 / 96 / 0
Quantidade de triggers (habilitadas/desabilitadas [incidente/ok])	49	0 / 49 [0 / 0]
Número de usuários (online)	2	1
Desempenho requerido do servidor, novos valores por segundo	0	

Esse *widget* mostra informações úteis sobre o estado em que o Zabbix Server se encontra. Observe que a primeira linha exibe a informação se o Zabbix está em execução. Você conseguir acesso à interface web do Zabbix não significa que ele esteja em execução. Caso o valor apresentado seja **Não**, você deverá rever o Capítulo 3 e verificar se o processo **zabbix_server** está em execução.

Agora que conhecemos a tela inicial e o painel de monitoração da interface web do Zabbix, partiremos para as explicações sobre uma das principais etapas de configuração do Zabbix. As outras telas de visualização de dados do Zabbix nós veremos à medida que o assunto for tratado, já que não temos (ainda) nenhum dado coletado devido a não termos configurado nenhum *host* para o monitoramento.

Antes de qualquer configuração de monitoramento, serão explicados os submenus do menu de **Administração**, que são primordiais para os administradores da ferramenta.

4.1.1. Geral

Selecione no menu o item 'Administração' e em seguida 'Geral'. Na tela que será exibida, no canto direito superior, existe um submenu *popup* com as opções para configuração na seguinte sequência: GUI, *Autoregistration*, Limpeza de dados, Imagens, Mapeamento de ícones, Expressões regulares, Macros, Mapeamento de Valor, Horário comercial, Severidades de *trigger*, Opções de exibição de *trigger*, *Modules* e Outros. De início veremos o básico de cada configuração. À medida que abordarmos as configurações, nos capítulos seguintes, falaremos mais sobre elas.

Algumas delas não precisaremos voltar a falar ao longo desta obra, pois se trata de configurações que não possuem dependências e, uma vez feitas, não precisaremos alterar se não tiver necessidade de mudança.

> *GUI*: nesta seção é possível definir os padrões relacionados à interface web do Zabbix. Aqui podemos alterar o tema padrão da interface web para todos os usuários (exceto para os usuários que definirem o tema em seu perfil), estipular o limite de exibição dos resultados do mecanismo de busca e ativar/desativar o alerta caso o serviço do Zabbix Server não estiver em execução no servidor.

Nota: para o acompanhamento das explicações desta obra, sugiro não trocar o tema enquanto estiver lendo, pois algumas explicações citam cores e, em determinadas telas, as cores são diferentes conforme o tema escolhido.

> *Autoregistration*: opções de configuração de criptografia para o registro automático de agente ativo do Zabbix. Por padrão, essa opção é desativada.
> **Limpeza:** o Zabbix Server possui um processo chamado *Housekeeper*, responsável por remover informações desatualizadas do sistema e também informações que o usuário não utiliza mais. Nesta tela nós poderemos configurar de quanto em quanto tempo esta limpeza será realizada ou optar por desativar esse processo.
> **Imagens:** aqui nós inserimos as imagens que serão utilizadas nos mapas para monitoramento. É possível colocar ícones e imagens de fundo. Quando formos abordar a configuração de mapas, retornaremos à explicação desta tela para mostrar como inserir ícones e imagens para serem utilizados nos mapas.
> **Mapeamento de ícone:** esta opção pode ser utilizada na configuração de mapa de rede para exibir ícones apropriados para cada *status* que um *host* estiver

apresentando. Através deste mapeamento, você poderá personalizar o uso dos ícones criados e utilizar de forma automática na configuração dos mapas de rede, inclusive podendo usar expressões regulares para identificar o nome dos *hosts*. Veremos sobre a criação de mapeamento de ícone quando formos configurar um mapa de rede para exibição.

➢ **Expressões regulares**: permite criar expressões regulares customizadas para serem reutilizadas em outras configurações do Zabbix, tais como filtro de regras de LLD, entre outras configurações.

➢ **Macros**: aqui criamos macros globais para serem utilizadas em outras configurações do Zabbix, tais como *hosts*, *triggers* etc.

➢ **Mapeamento de valor**: este item serve para incluirmos valores do tipo *string* para substituição de valores que são coletados, e sua saída padrão são apenas números inteiros. Porém, é possível substituir qualquer valor por uma *string* e/ou número. Um exemplo seria alterar o valor "1" por "Respondendo".

➢ **Horário comercial**: nesta seção configuramos o horário que o monitoramento será feito pelo Zabbix. Por exemplo: o sistema de monitoramento de uma empresa funcionará de segunda a sexta-feira, das 00:00h às 24:00h.

➢ **Severidades de *trigger***: nesta seção configuramos as cores para a exibição das *triggers* nas telas de monitoramento de visão geral, *dashboard* etc.

➢ **Opções de exibição de *trigger***: nesta seção configuramos como o *status* das *triggers* será exibido pelo Zabbix. Opções de cores de texto e tempos de exibição podem ser personalizados.

➢ *Modules*: nesta seção ficam listados os módulos desenvolvidos por terceiros. Estes módulos servem para melhorar a funcionalidade do Zabbix. Ideal para incorporar uma tela de gerenciamento de uma aplicação ou dispositivo de rede dentro do *frontend* do Zabbix.

➢ **Outros**: aqui configuramos as demais opções do sistema, como por exemplo: tempo de atualização de itens não suportados, grupo padrão para *hosts* descobertos, modo padrão de inventário de *hosts* (se inativo, manual ou de preenchimento automático), entre outras opções.

4.1.2. *Proxy*

Nesta seção você tem a possibilidade de configurar o Zabbix para trabalhar com *proxies*. Veremos mais detalhes sobre o uso de *proxies* no Capítulo 18.

4.1.3. Autenticação

Neste submenu podemos configurar com qual tipo de autenticação o Zabbix trabalhará para conceder o acesso a seus usuários. Os tipos de autenticação suportados pelo Zabbix são:

- **LDAP:** neste tipo de autenticação, o Zabbix irá conceder acesso aos usuários com o serviço LDAP.
- **HTTP:** neste tipo de autenticação, o Zabbix utiliza a autenticação básica do servidor Apache, que deverá estar configurado para tal.
- **Autenticação interna:** esta é a autenticação padrão do sistema. O sistema buscará a validação do usuário e sua respectiva senha no seu próprio banco de dados.
- **SAML:** autenticação usando recursos de SSO (*Single Sign On*), também conhecida como autenticação única.

4.1.4. Grupo de Usuários

Neste submenu nós gerenciamos os grupos de usuários do Zabbix. Podemos criar grupos de usuários para diferenciá-los de acordo com o nível de acesso. No Zabbix, o controle de acesso aos recursos se baseia em grupos de usuários. Isso significa que um usuário deve ser atribuído a pelo menos um grupo de usuários para ter acesso a um recurso, como, por exemplo, a um *host*. Veremos mais sobre este menu no Capítulo 9, que versa sobre gerenciamento de usuários e permissões.

4.1.5. Usuários

Neste submenu nós gerenciamos os usuários que terão acesso ao sistema de monitoramento.

4.1.6. Tipos de mídia

Esta configuração é bem interessante. Nós aprenderemos como cadastrar os tipos de mídia com que o Zabbix trabalha para enviar as notificações de um alerta aos administradores do sistema. É possível enviarmos notificações por cinco tipos de mídia no Zabbix:

- E-mail
- SMS

- Script
- Webhook

Falaremos sobre os tipos de mídia quando formos configurar uma ação para envio de alertas, mais adiante.

4.1.7. Scripts

Esta configuração não pode ser confundida com a configuração de *script* para tipo de mídia. Aqui, *scripts* servem para configurarmos comandos que poderemos executar em um *host* quando este estiver sendo monitorado pela visão de mapas. A configuração de *scripts* será feita em um capítulo mais adiante, após falarmos sobre utilização de macros.

4.1.8. Fila

Esta tela possui uma pequena semelhança com a tela de auditoria. Porém, aqui podemos verificar os atrasos dos itens configurados que ainda não foram processados, ou seja, não tiveram a sua coleta registrada pelo servidor no banco de dados. É possível ter uma visão geral e também detalhada. Aqui é uma boa opção para você analisar a saúde do Zabbix. Quanto mais itens na fila por muito tempo, maior o sinal de que está acontecendo algo de errado na coleta dos itens, ou mesmo seu sistema pode estar sofrendo de falta de recursos para processar esses dados.

> **CONCLUSÃO**
>
> **Conhecemos neste capítulo a interface web do Zabbix. Aprendemos a alterar o idioma padrão de exibição da interface web e também passamos pelos principais menus de administração e configuração do Zabbix. Isso lhe dará base para que você possa navegar tranquilamente na interface web do Zabbix, saber onde buscar informações sobre a performance do servidor, onde cadastrar e configurar o serviço de autenticação usado na interface etc.**

5. Entendendo os Conceitos do Zabbix

Antes de começarmos a explicação sobre monitoramento, é importante entender alguns conceitos que o Zabbix utiliza.

Os elementos que são utilizados para fazer esse monitoramento são:

- *Host*
- Item
- *Trigger*
- Evento
- *Template*

5.1. *Host*

É qualquer dispositivo presente na rede com um IP ou nome DNS.

Ex.: computadores, impressoras, servidores, roteadores etc.

5.2. Item

É a fonte de informação que o Zabbix utiliza para coletar dados com o objetivo de retornar uma métrica. A busca por essa informação é realizada de várias maneiras, a ser escolhida no momento do cadastro de um item. Existem os seguintes tipos:

- **Agente Zabbix (passivo):** a consulta é realizada pelo servidor. É o tipo padrão.
- **Agente Zabbix (ativo):** os dados são processados pelo agente e transmitidos para o servidor.
- **Monitoramento simples:** executado pelo servidor. Não tem necessidade de instalação do agente.
- **Agente SNMP:** protocolo presente em diversos dispositivos de rede.

- *Trapper*: algum objeto externo pode injetar dados dentro do Zabbix Server usando o **zabbix_sender**.
- **Arquivos de *log***: arquivos de *log* dos sistemas *Unix-like* e *Event Viewer* do Windows.
- **Interno**: saúde do Zabbix. Estatísticas sobre o ambiente do Zabbix Server.
- **Monitoramento externo**: através de *scripts*.
- **SSH**: autenticação via chaves ou senhas.
- *Telnet*: autenticação via senha.
- **JMX**: monitoramento Java.
- **IPMI**: monitoramento inteligente de hardware.
- **Banco de dados**: estatísticas de base de dados através de *query*.
- **Calculado**: reutilizando dados existentes na base.

Por padrão, o Zabbix utiliza seu próprio agente de monitoramento, que pode trabalhar de duas maneiras: em modo passivo ou ativo. No modo passivo, é o servidor que vai até o *host* em busca da informação desejada. Já no modo ativo, é o agente que tem a lista de quais itens precisam ser enviados ao servidor. Temos ainda a possibilidade de fazer uma monitoração simples, onde o Zabbix Server faz a consulta dos dados sem solicitar a informação para o Zabbix Agent. Podemos observar esse fluxo na figura a seguir.

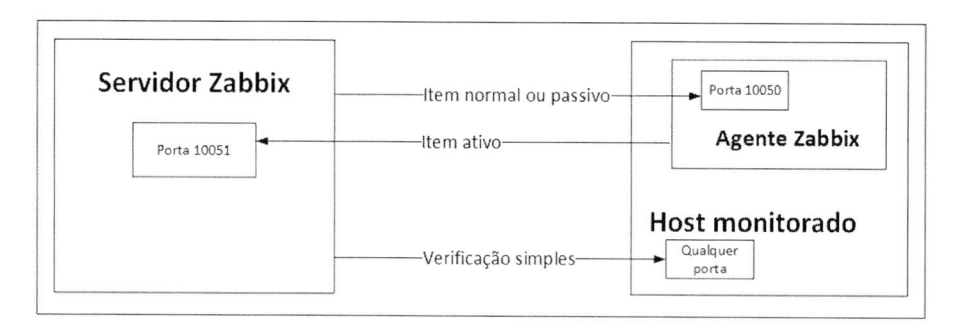

Quando o agente é passivo, é o servidor que abre a conexão com o *host* para fazer a coleta dos dados. Quando o agente é ativo, é o *host* monitorado que abre a conexão com o servidor para enviar uma lista dos dados recuperados do servidor. Esses dados são armazenados em *buffer* e enviados em tempo determinado no arquivo de configuração do agente. A vantagem de utilizar um agente ativo é que ele pode atuar em uma rede protegida por *firewall*, já que é o cliente que se conecta ao servidor. Quando utilizamos a verificação simples, o servidor realiza consultas diretamente na interface de rede do *host* monitorado. Neste caso, não é preciso instalação do Zabbix Agent.

Esses três tipos de coleta de dados são os mais comumente utilizados. Se você está trabalhando em uma rede de pequeno porte, esses três tipos são suficientes. Para redes de médio e grande porte, você terá a necessidade de monitorar dispositivos SNMP e IPMI, além de outros monitoramentos mais específicos, como, por exemplo, servidores *middleware* – o Zabbix utiliza o **Zabbix Java Gateway** para fazer a conexão JMX com esses servidores.

5.3. *Trigger*

Uma vez que um *host* está sendo monitorado e o Zabbix faz a coleta de um item, temos a possibilidade de tratar esse item com uma *trigger*. A *trigger* é uma expressão lógica, é uma regra que vai ser avaliada com base nas coletas de um item. Toda vez que um novo valor chegar para o Zabbix, e este tiver uma *trigger* associada, o Zabbix pode tomar uma decisão de acordo com a expressão lógica que estiver configurada. A partir daí, podemos ter alertas com alguns níveis de severidade. Severidade é a criticidade do alerta para o nosso ambiente. O Zabbix trabalha com seis níveis de severidade, que são:

- Não classificada
- Informação
- Atenção
- Média
- Alta
- Desastre

Cada severidade está configurada com uma cor diferente para exibição no painel de monitoramento, e essas cores poder ser personalizadas.

As expressões das *triggers* possuem uma sintaxe básica:

```
{<host>:<key>.<function>(<parameter>)}<operator><constant>
```

Um exemplo simples seria:

```
{Meu primeiro host:system.cpu.load.last()}>5
```

Onde

Meu primeiro host	host
system.cpu.load	o item que foi coletado
last()	a função da *trigger*
>	operador
5	Limite configurado para disparar a *trigger*

Então, neste exemplo, se o último valor coletado do item **system.cpu.load** do *host* **Meu primeiro host** for maior que **5**, a *trigger* será disparada, gerando um alerta para o sistema.

Quando estamos construindo uma *trigger*, podemos usar operadores (lógicos e/ou matemáticos) e funções (*min, max, avg, last* etc.) para avaliar a expressão lógica da *trigger* quando um item for coletado.

5.4. Evento

Evento é qualquer acontecimento gerado por diferentes fontes no Zabbix. Na ocorrência desses eventos, o Zabbix pode tomar alguma decisão. Essas fontes de eventos podem ser através de:

- ➢ *Triggers*: enviar e-mail ou mensagem instantânea; executar um comando remoto etc.
- ➢ **Descoberta**: buscar uma característica em *hosts*.
- ➢ **Autorregistro**: adicionar ou remover registro de *hosts* automaticamente.

5.5. *Template*

Um *template* é um conjunto padrão de elementos que podem ser aplicados em vários *hosts* que serão gerenciados utilizando o mesmo esquema. Um exemplo prático disso poderia ser vários servidores Linux que utilizam os mesmos itens, tais como: uso de CPU, memória livre, espaço em disco disponível etc. Isso porque a forma que o Zabbix utiliza para coletar o item é a mesma quando está utilizando um ativo com as mesmas características.

Com a utilização de *templates*, tudo acontece por herança, ou seja, um *host* pode estar associado a vários *templates*, que também podem estar associados a outros *templates*. Com isso, todos os objetos, como itens, gráficos, *triggers*, entre outros, serão herdados e associados ao *host* em questão.

Utilizar *template* é uma forma de facilitar a operação do ambiente e também a melhor prática de trabalhar com o Zabbix.

> **CONCLUSÃO**
>
> Este capítulo descreveu os conceitos básicos do Zabbix representados pelos elementos que eu elenquei como pontos focais no ecossistema do Zabbix que fazem, de fato, toda a engenharia de monitoramento funcionar. Sem o entendimento de todos esses elementos, provavelmente você não estará aplicando uma plataforma de monitoração, e, sim, fazendo coleta de informações desnecessárias e entregando alertas sem definições em regras de negócio.

6. Funções do Zabbix

Basicamente, o Zabbix trabalha com cinco funções primordiais: coletar, armazenar, gerenciar, alertar e visualizar. Veremos cada uma delas a seguir.

6.1. Coletar

Como vimos no capítulo anterior, a coleta de dados é realizada pelo elemento do Zabbix chamado Item e pode ser feita usando vários métodos, como por exemplo: Zabbix Agent, SNMP, IPMI, HTTP Agent etc.

Dentro desse contexto, podemos fazer coleta em diversas camadas, tais como:

Hardware	CPU, memória, FAN, temperatura etc.
Rede	Roteador, tráfego de entrada/saída, velocidade de link etc.
Sistema operacional	Unix, Linux, Mac OS, Solaris, Windows etc.
Middleware	JBoss, TomCat, Oracle, Apache etc.
Aplicações	Qualquer aplicação utilizada pelo cliente.

O Zabbix também faz uma gerência automática de dispositivos, podendo fazer descoberta de baixo nível (LLD), descobrindo, por exemplo, uma nova interface de rede instalada no sistema ou um novo sistema de arquivos. A partir dessa descoberta, poderá tomar uma decisão e executar uma ação.

6.2. Armazenar

Os dados coletados pelo Zabbix são armazenados em uma base de dados relacional e não têm limite para armazenamento. Logicamente, o limite é estipulado pelo SGBD utilizado. Esses dados coletados pelo Zabbix que estarão armazenados no SGBD podem ser reutilizados a qualquer momento por outras aplicações, como por exemplo: um sistema de BI para gerar relatórios gerenciais dos itens históricos, ou seja, dos dados consolidados.

6.3. Gerenciar

O Zabbix gerencia esses dados de forma a manter históricos para utilização a longo prazo. O Zabbix também pode ser configurado para fazer a redução de dados de forma a comprimir um determinado tipo de informação e exibi-los em gráficos de acordo com a média de determinado prazo. O período de armazenamento é definido por item, ou seja, o Zabbix não impõe que um conjunto de itens deva ser armazenado no mesmo período de tempo.

6.4. Alertar

O Zabbix utiliza vários métodos para notificar os eventos ocorridos, tais como: envio de e-mail, SMS, mensagem via *chat* etc. Também é possível utilizar a função de reconhecimento de eventos, na qual o Zabbix pode escalonar esses eventos para notificar várias pessoas em um determinado período de tempo. Um exemplo seria executar um comando remoto um minuto após identificar um problema no servidor web. Se após dez minutos o problema persistir, o sistema envia um e-mail e uma mensagem SMS para o administrador da rede. Passados vinte minutos, caso o problema não tenha sido resolvido, o sistema abre um registro no sistema do *service desk*. Mais trinta minutos, envia e-mail e uma mensagem SMS para o gerente da rede e assim por diante, até chegar ao nível gerencial desejado. Podemos visualizar esse exemplo na figura a seguir:

| Falha no servidor web | 1 min → | Comando remoto para reestabelecer o serviço | 10 min → | E-mail/SMS para administrador da rede | 20 min → | Abertura de registro no service desk | 30 min → | Envia e-mail/sms para o gerente da rede |

6.5. Visualizar

A última função básica que temos é a visualização de alto nível que o Zabbix oferece, onde podemos ver os alertas através de um painel de controle. Também podemos visualizar os dados coletados através de gráficos, mapas ou telas. Esse recurso se estende a outras plataformas de visualização e transformação de dados, como, por exemplo, o Grafana.

> **CONCLUSÃO**
>
> **Este capítulo descreveu de maneira bem resumida o que eu presumo ser as funções primordiais do Zabbix. Ou seja, o que ele se propõe a fazer em uma plataforma de monitoração, que não se resume a apenas coletar e alertar.**

7. Monitoramento Básico

Agora que estamos familiarizados com o Zabbix, pois já fizemos a instalação, tivemos um *overview* na interface web, estudamos os conceitos e conhecemos suas principais funções, chegou a hora de fazer o servidor do Zabbix trabalhar, isto é, coletar as informações dos *hosts*. Mas antes teremos que criar novos *hosts* através da interface web. A função do Zabbix é coletar as informações e nos informar caso algo de anormal esteja acontecendo. Com isso, para um monitoramento básico começar a funcionar teremos que passar por três etapas, que são:

- Criar um *host*.
- Criar itens que serão monitorados.
- Definir o limite de um problema criando uma *trigger*.

Além dessas três etapas básicas, no próximo capítulo veremos como gerenciar seus *hosts* através de grupos de *hosts* e utilização de *templates*, que é o ideal para ambientes que possuem um grande parque de equipamentos e serviços a serem monitorados. Com o uso de *templates* podemos agregar um conjunto de configurações e utilizar um grupo de equipamentos neste mesmo *template*, já que as informações, as técnicas e os recursos serão padronizados.

7.1. Criando um *host*

Para criarmos um *host* devemos acessar a tela configuração de *hosts*. Acesse o menu 'Configuração' e depois clique em 'Hosts'. Em uma nova instalação, você verá um único *host* cadastrado, que é o *host* do próprio Zabbix Server. Este *host* serve para monitorar, por exemplo, recursos internos do serviço do Zabbix Server, tais como: valores processados pelo Zabbix Server, utilização dos processos dos recursos internos, utilização de *pollers* etc. Veremos mais detalhes sobre a monitoração do próprio Zabbix Server no Capítulo 23.

Para cadastrarmos um novo *host* para criar nosso primeiro monitoramento, clique no botão 'Criar Host' localizado no canto superior direito da tela.

Não vamos nos preocupar com os detalhes nesta tela. Apenas insira os seguintes dados:

- **Nome** – Meu primeiro *host*
- **Grupos** – Digite 'Linux servers' ou clique em 'Selecionar' e escolha 'Linux servers'
- **Endereço IP** – 127.0.0.1

> **Nota:** selecionar um grupo é um requisito obrigatório para cadastrar um *host*. Isso se deve ao fato de o Zabbix gerenciar os seus *hosts* através de grupos. É possível cadastrar um novo grupo direto na tela de cadastro do *host*. Para isso, basta digitar um grupo de *host* que não exista que aparecerá '(novo)' à frente do termo digitado. Ex.: Livro (novo).

A configuração do *host* que acabamos de criar ficará da seguinte maneira:

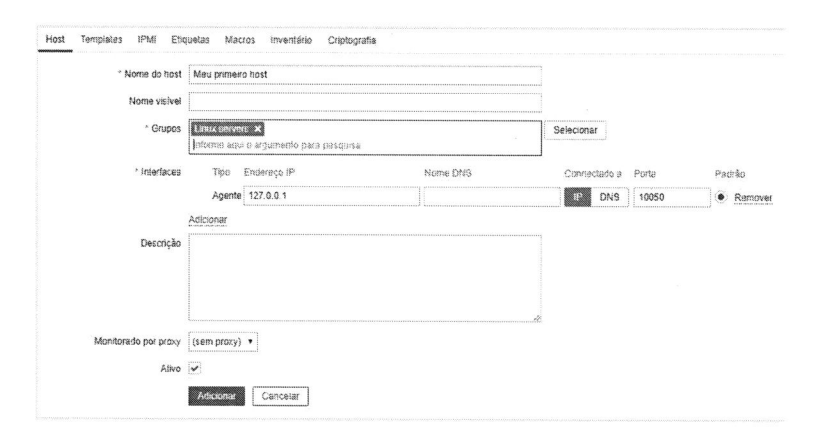

Observe que iremos monitorar nosso próprio servidor através da interface *loopback* identificada com o endereço 127.0.0.1. Quando estiver pronto, clique em 'Adicionar'. A tela voltará para a configuração de *hosts* e teremos listados tanto o **Zabbix server** como o *host* **Meu primeiro host** que acabamos de cadastrar.

Observe que o número IP ficou exibido na coluna 'Interface'. Isso significa que a conexão será realizada por IP, pois no campo 'Conectado a' foi selecionado IP (padrão do cadastro do *host*). Caso preenchêssemos o campo 'Nome DNS', poderíamos marcar 'Conectado a DNS' para ser feita a conexão via DNS.

Nessa tela de listagem dos *hosts*, podemos utilizar diversos filtros para selecionar determinados *hosts* de acordo com as nossas opções de consulta. Digamos que você queira listar apenas os *hosts* cadastrados no grupo **Linux servers**. Basta inserir o nome ou escolher o grupo no campo associado e clicar no botão 'Aplicar'. Nesse caso, como estamos com uma instalação limpa, iria retornar apenas o *host* **Meu primeiro host**, que criamos anteriormente. O resultado é exibido conforme a figura a seguir:

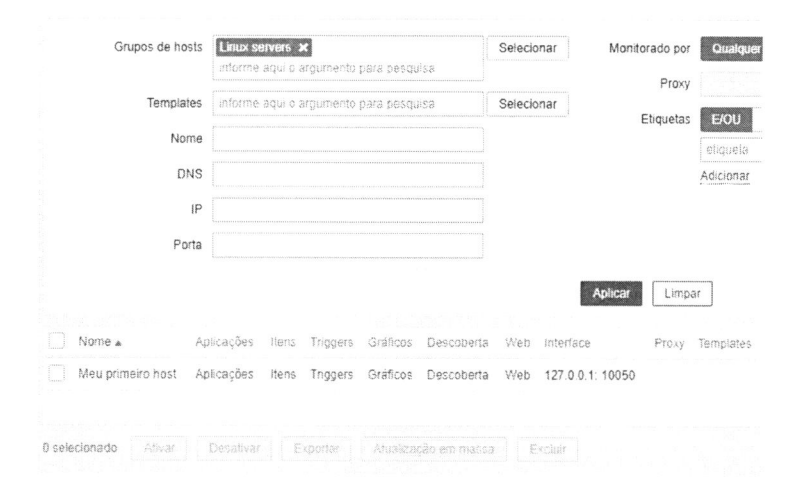

Agora que nós já temos um *host* cadastrado, vamos explicar um pouco da tela de listagem dos *hosts*. Ao passar o mouse nas palavras contidas na linha de cada *host* e o cursor mudar de figura, significa que são links para acessar algum tipo de configuração. Por exemplo: se desejarmos alterar alguma informação do *host* que acabamos de cadastrar, basta clicar em 'Meu primeiro host' para que a tela de cadastro seja carregada. A coluna 'Status' exibe a informação se o *host* está ou não sendo monitorado (ativo/inativo). Clicando no valor da coluna 'Status' podemos ativar ou desativar o monitoramento deste *host*. Nosso *host* está criado, mas, apesar de estar com o status 'Ativo', não cadastramos nenhum item ou associamos algum *template* a ele, portanto nenhuma comunicação entre o Zabbix Server e o nosso *host* será realizada. Observe que na coluna 'Disponibilidade' os sinais estão com o aspecto desabilitado. Esses sinais informam como o servidor está se comunicando com o *host*. No exemplo que estamos trabalhando, ele irá habilitar o primeiro símbolo (porque iremos monitorar utilizando um agente do Zabbix). Esses sinais, da esquerda para a direita, são:

- **Z** – Conexão via Zabbix Agent
- **SNMP** – Conexão via cliente SNMP
- **JMX** – Conexão via cliente JMX
- **IPMI** – Conexão via IPMI

Neste primeiro momento, estudaremos a conexão via Zabbix Agent.

7.2. Criando itens para monitoramento

Somente a criação de um *host* não garante que ele estará sendo monitorado. Para isso, temos que cadastrar os itens deste *host* que desejamos monitorar. Na tela de listagem dos *hosts*, clique no link 'Itens', localizado na linha que identifica o *host*. Nós criaremos um item que irá monitorar a utilização de CPU *host* que criamos anteriormente. Clique no botão 'Criar item', localizado no canto superior direito da tela. Os dados que precisamos informar são os seguintes:

- **Nome** – Utilização de CPU
- **Tipo** – Agente Zabbix
- **Chave** – system.cpu.util
- **Tipo de informação** – Numérico (fracionário)
- **Nova aplicação** – CPU

Novamente, não vamos nos preocupar com os detalhes informados para o cadastro do item. Explicaremos com mais detalhes o tipo de item, chave, tipo de informação e outras opções mais adiante. Por enquanto nós estamos aprendendo o básico de configuração de um item para monitoramento com o objetivo de você entender o funcionamento básico, do cadastro do *host* até a simulação do alarme que será disparado. Alguns parâmetros são interessantes conhecer logo, pois são responsáveis por inserir dados no banco de dados. São eles: 'Intervalo de atualização', 'Período de retenção do histórico' e 'Período de retenção das estatísticas'. Dependendo do que se pretende coletar, você deve ajustar um valor para que o banco de dados não fique com muitos registros com o mesmo valor desnecessariamente. Por exemplo: você deseja monitorar a quantidade de páginas impressas por uma determinada impressora. Em um determinado intervalo, pode acontecer de o monitoramento ficar coletando o mesmo valor. Para esse tipo de situação, você pode configurar uma opção para o Zabbix descartar valores coletados que não estão sofrendo modificação, como pode acontecer no exemplo citado da impressora.

Clique em 'Adicionar' para incluir o novo item configurado.

Se voltarmos para a tela que lista os *hosts*, veremos que para o *host* **Meu primeiro host** já existe um item associado a ele, conforme a figura a seguir.

Agora nós já temos um item coletando informações. A princípio, podemos verificar se está tudo certo acessando o menu 'Monitoramento' e clicando em 'Dados recentes'. Na tela que será carregada selecione o *host* **Meu primeiro host** no campo 'Hosts' e clique no botão 'Aplicar'. Observe na figura a seguir que o sistema já realizou a coleta dos dados do nosso item.

Veja como o Zabbix tem uma gama de recursos. Mal começamos a monitorar e ele já nos dá a opção de visualizarmos os dados de forma gráfica, sem precisar ir para outra janela do sistema. Clicando em 'Gráfico', temos a seguinte figura:

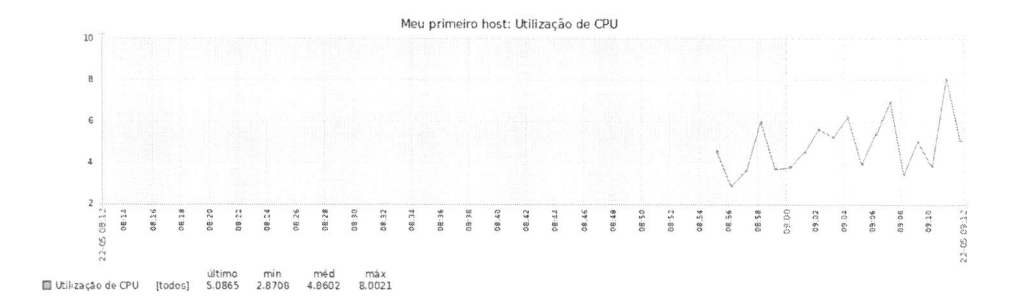

> Obs.: também podemos acessar a tela de dados recentes pelo menu 'Monitoramento > Hosts' e em seguida aplicar os filtros de pesquisa para encontrar o *host*. Depois, basta clicar no link 'Dados recentes' que você será direcionado para a tela específica, já com os dados do *host* selecionado.

7.3. Criando uma *trigger*

Muito bem. Até o momento nós já criamos o *host* e um item para ser monitorado. Porém, para que o monitoramento seja ágil e o sistema nos informe que um problema aconteceu em determinando momento, é preciso criar uma *trigger*. No Zabbix, uma *trigger* é um registro que contém uma expressão para reconhecer automaticamente um problema de acordo com o item monitorado. E é através do acionamento de um problema que poderemos tomar uma ação quando o *threshold* definido for atingido. Essa é a função da *trigger* no ecossistema do Zabbix.

Existem diversas maneiras de criarmos *triggers*. Como ainda não entramos em detalhes de gerenciamento de *templates*, que será abordado mais adiante, veremos a princípio como criar uma *trigger* para um determinado *host*. No nosso exemplo, criaremos uma *trigger* para o *host* **Meu primeiro host**. Para isso, acesse o menu 'Configuração' e clique em 'Hosts'. Será exibida a listagem dos *hosts* cadastrados. Caso o *host* **Meu primeiro host** não esteja aparecendo, selecione o grupo **Linux servers** nas opções de filtro de pesquisa como aprendemos no tópico 7.1. Para abrir a tela de configuração de *triggers*, clique no link 'Triggers'. A tela a seguir será exibida.

Esta tela exibe todas as *triggers* configuradas para o *host* **Meu primeiro host**. Como não temos nenhuma *trigger* cadastrada, clique no botão de comando 'Criar trigger'. As informações que precisamos fornecer são as seguintes:

- **Nome** – Utilização de CPU está muito alta
- **Expressão** – {Meu primeiro host:system.cpu.util.last()}>70
- **Severidade** – Alta

Monitoramento Básico 47

[Captura de tela: formulário de cadastro de Trigger com campos Nome ("Utilização de CPU está muito alta"), Operational data, Severidade (Alta selecionada), Expressão ({Meu primeiro host:system.cpu.util.last()}>70), Geração de eventos OK, Modo de geração de eventos de INCIDENTE, Fechamentos de eventos OK, Permitir fechamento manual, URL, Descrição e Ativo.]

Existem duas maneiras de incluirmos uma *trigger*. A que mostramos antes nós incluímos a expressão apenas digitando o que deverá ser feito. A outra maneira seria clicar no botão 'Adicionar', ao lado do campo 'Expressão'. A seguinte tela será carregada:

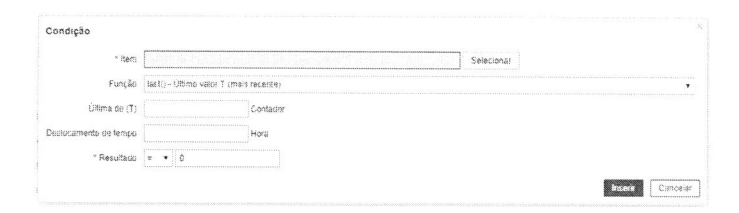

[Captura de tela: janela Condição com campos Item, Função (last() - Último valor T (mais recente)), Última de (T), Deslocamento de tempo, Resultado.]

Nesta tela, precisaremos escolher o item que será utilizado na expressão de condição da *trigger*. Clicando no botão 'Selecionar', teremos a seguinte tela:

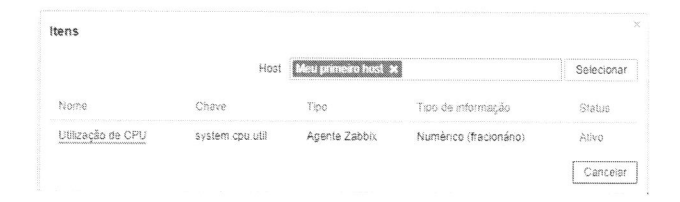

[Captura de tela: janela Itens listando o item "Utilização de CPU" com chave system.cpu.util, tipo Agente Zabbix, tipo de informação Numérico (fracionário), status Ativo.]

Aqui estarão listados os itens relacionados ao *host* onde estamos criando a *trigger*. Como só cadastramos o item 'Utilização de CPU', somente este estará listado. Portanto, podemos clicar neste item para utilizá-lo na expressão da *trigger*. Automaticamente, a tela anterior voltará a ser apresentada e já estará exibindo o item selecionado.

[Figura: Janela "Condição" com campos Item: Meu primeiro host: Utilização de CPU, Função: last() - Último valor T (mais recente), Última de (T), Deslocamento de tempo, Resultado: = 0]

O teste que nós faremos nesse exemplo consiste em verificar se o uso de CPU estará com valor superior a 10. Portanto, precisaremos utilizar uma função que irá verificar se o último valor é maior que 10. Para isso, escolheremos a função 'last() – Último valor de T (mais recente)'. Em seguida escolhemos o símbolo '>' no campo 'Resultado' e inserimos o valor '70' à sua direita. Podemos verificar a figura a seguir:

[Figura: Janela "Condição" com campos Item: Meu primeiro host: Utilização de CPU, Função: last() - Último valor T (mais recente), Resultado: > 70]

Agora poderemos inserir a expressão e salvar a *trigger* criada.

> Obs.: nesse caso, verifique se no campo 'Expressão' não ficou duplicado e remova uma linha, caso necessário.

Para concluirmos, a explicação para a expressão criada ficaria assim: **Meu primeiro host** é o *host*, **system.cpu.util** é o item e *last* é a função. O número símbolo '>' é o operador e 70 é o *threshold* que definimos para gerar o alerta.

Agora, no menu 'Monitoramento', clique em 'Visão geral'. Observe que no menu *popup* no canto superior esquerdo deverá estar selecionada a opção 'Visão geral triggers'. Caso não esteja, selecione esta opção. Escolha o *host* **Meu primeiro host** e, no campo 'Mostrar', selecione 'Qualquer'. Observe que será exibida a *trigger* que acabamos de criar e na mesma linha está sendo exibida uma placa na cor verde. Isso significa que não há problema com o nosso item monitorado.

Vamos fazer um teste para gerar um alerta para essa *trigger*. Para isso, executaremos uma aplicação para estressar nosso sistema e fazer com que o uso de CPU aumente, gerando o alerta no Zabbix.

Eu utilizarei o sysbench, que pode ser instalado no CentOS com o seguinte comando:

```
# dnf install sysbench
```

Execute o seguinte comando na máquina que está sendo monitorada. No nosso exemplo, é o próprio servidor:

```
# sysbench cpu run --threads=1 --time=180 --cpu-max-prime=8000000
```

> **Obs.:** o pacote sysbench só será instalado caso o repositório epel estiver configurado no CentOS. Para outras distribuições e mais detalhes sobre a utilização do comando e seus parâmetros, consulte informações acessando a URL <https://github.com/akopytov/sysbench>.

Vale lembrar que este é um exemplo muito básico para simular uma utilização de CPU. Logicamente, não se utilizaria uma condição desta para testar uma máquina em um ambiente de produção.

Observando novamente a tela de 'Visão geral', podemos ver que, após a execução do comando, a cor de *status* da *trigger* ficou avermelhada. Isso significa que um problema ocorreu, ou seja, o uso de CPU ultrapassou o limite de 70% que definimos na expressão da *trigger*. Veja a figura a seguir:

Com o alerta ainda ativado, podemos clicar na placa de status e acessar o seu histórico. Será exibida a figura a seguir:

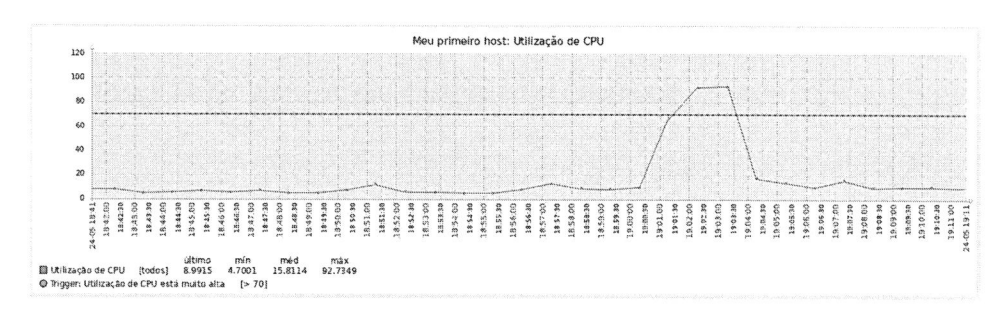

Observe no gráfico que temos a linha tracejada (limite) e que no momento em que o sysbench foi executado o sistema identificou alto uso de CPU e gerou o alerta. Esse alerta também pode ser visualizado na tela 'Monitoramento > Dashboard' ou em 'Monitoramento > Incidentes'.

7.4. Criando uma ação

Até aqui, nós passamos por processos de criação de *hosts*, itens e *triggers*. Com esses três processos já é possível sabermos quando ocorre algum tipo de problema que desejamos monitorar. Só que apenas isso não é o suficiente para o propósito de monitoração de serviços e sistemas. Em um passado não muito distante, alguns profissionais de Tecnologia de Informação (em sua maioria operadores de CPD) trabalhavam de olho em um lindo telão verificando se algum *host* ativou alarme para algum problema. Hoje, graças ao avanço da tecnologia, é possível fazer com que o alerta seja enviado para um grupo de profissionais através de mensagens instantâneas, e-mails, SMS, Telegram, Slack e muitos outros *apps* atualmente conhecidos.

Nesta etapa, nós aprenderemos a configurar uma ação que tem como propósito disparar um e-mail para um destinatário que receberá o alerta da *trigger* que nós criamos anteriormente. Esse tipo de ação é de grande valia, pois sabemos que o profissional de hoje é polivalente e trabalha realizando várias tarefas, muitas delas ao mesmo tempo. Portanto, não seria ideal ele ficar de olho em telas 100% do seu tempo de trabalho.

Antes de configurarmos uma ação, precisamos apresentar a configuração da mídia que utilizaremos para enviar o resultado da execução de determinada ação.

Para o envio de alertas por e-mail é necessário configurar o servidor que será o responsável por enviar as mensagens para a conta de destino, que também deverá estar cadastrada. Para enviar mensagens via SMS, faz-se necessário ter um modem GSM conectado ao servidor. Uma alternativa é utilizar um *script* que envia um e-mail para um servidor da operadora de telefonia e ela enviará o SMS para o seu celular. Isso com certeza é menos custoso para uma empresa do que ter um modem dedicado a isso, e existem algumas empresas que prestam esse tipo de serviço, não obrigatoriamente precisa ser uma das operadoras de telefonia. É por isso que o tipo de mídia *Script* foi adicionado ao Zabbix, pois o Linux permite que o utilizemos de acordo com as nossas necessidades, o que o torna muito flexível. Além disso, podemos usar o tipo de mídia *script* para utilizar outros serviços, como envio de alertas via Telegram. Porém, com o lançamento do Zabbix 5, foi incorporado nativamente ao sistema o envio de alertas via *webhook*, o que facilita a configuração e tira toda a complexidade de manter os *scripts* e suas dependências de bibliotecas para o funcionamento correto. Veremos exemplos de alertas via *webhook* usando Telegram no tópico 22.4.

Para o nosso exemplo, pressupomos que você já tenha em sua rede um servidor de e-mail configurado e funcionando corretamente. Vá até o menu 'Administração' e clique em 'Tipos de mídias'. Em seguida, clique em 'Email', localizado na coluna 'Nome'. Entre com os dados de configuração do seu servidor de e-mail, de acordo com a seguinte figura:

Após adicionar as configurações, clique em 'Atualizar'. Agora precisamos configurar uma mídia para um usuário. Clique em 'Usuários', no menu 'Administração'. Na tela que surgir, clique em 'Admin', localizado na coluna 'Apelido', ou se preferir utilize o filtro e busque por 'Admin' no campo 'Apelido'. Como não adicionamos nenhum outro usuário no sistema, utilizaremos o exemplo com a conta **Admin** que vem por padrão no Zabbix. Clique na aba 'Mídia'. Podemos observar que não existe nenhuma mídia definida para o usuário **Admin**. Cliquemos então no link 'Adicionar'. De acordo com a figura a seguir, selecione o tipo 'Email' e digite, no campo 'Enviar para', o e-mail que receberá os alertas enviados para o usuário 'Admin'. Observe:

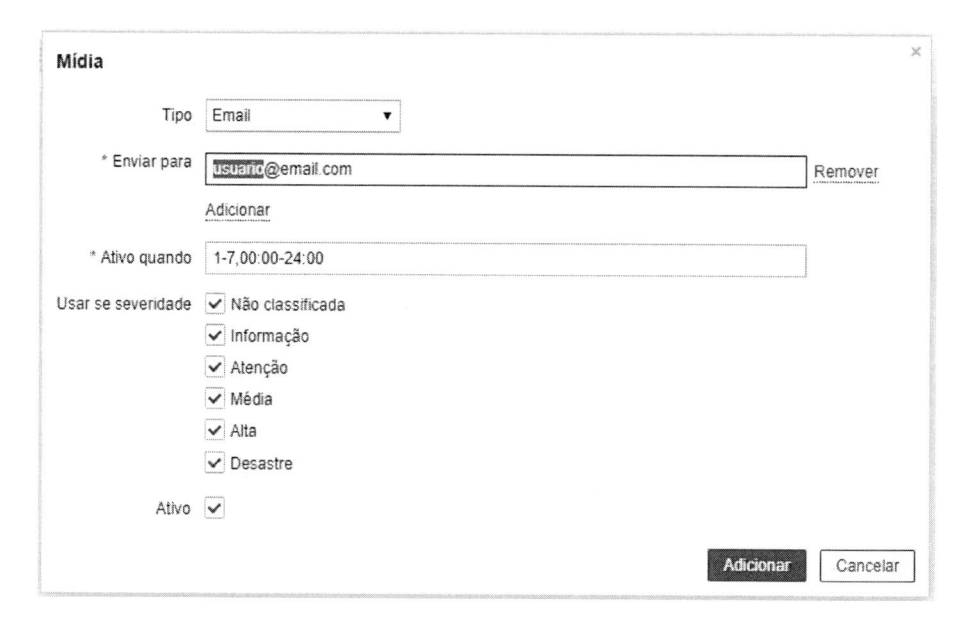

Após configurarmos, clique no botão 'Adicionar'. O campo 'Mídia' da tela de cadastro de usuários ficará com uma entrada conforme a figura a seguir:

Isso significa dizer que a mídia está ativada e configurada para enviar um e-mail para usuario@email.com todos os dias da semana, entre 00:00h e 23:59h, para todo tipo de severidade de *trigger*. Podemos salvar nossas alterações clicando no botão 'Atualizar', para gravar as mudanças que fizemos no cadastro do usuário 'Admin'.

Monitoramento Básico 53

> **Obs.1:** vale lembrar que aqui estamos apenas fazendo uma simulação de envio usando um serviço de e-mail. Para mais detalhes das configurações que você deve utilizar de acordo com o provedor de serviços de e-mail que você utiliza, procure mais detalhes na documentação do Zabbix que aborda esse tipo de configuração, acessando o link <https://www.zabbix.com/documentation/current/manual/config/notifications/media/email>.

> **Obs.2:** quando você estiver nos passos de fazer as simulações de envio de e-mail e souber como será a formatação do e-mail de alerta que será enviado, eu sugiro o uso do MailHog, que é uma plataforma para você fazer testes de envio de e-mail e que possui uma interface web para você ler os e-mails que foram enviados. Vale muito a pena testar essa ferramenta. Para mais detalhes, acesse o site do projeto <https://github.com/mailhog/MailHog>.

Feita a configuração da mídia, poderemos configurar uma ação. Passe o mouse sobre o menu 'Configuração' e clique em 'Ações'. Na tela de ações, selecione 'Triggers' no menu *popup* localizado no canto superior esquerdo da tela. Se esta opção já estiver selecionada, clique no botão 'Criar ação'. As informações que precisamos cadastrar nesta tela são:

> **Nome** – Utilização de CPU

No campo 'Condições', clique no link 'Adicionar'. Na tela que surgir, selecione 'Trigger' como tipo, deixe marcado o campo operador como 'igual' e depois selecione a *trigger* 'Utilização de CPU está muito alta', do *host* **Meu primeiro host**. Clique no link 'Adicionar'. A figura a seguir mostra como ficará nossa aba 'Ação' configurada nesse passo:

Configuramos a condição da nossa ação que será ativada apenas quando a condição for atendida, ou seja, quando vier da *trigger* que selecionamos. Vamos fazer com que a ação realmente fique útil? Clique na aba 'Operações'. Aqui iremos configurar o que deverá ser feito quando determinada ação acontecer. Lembre-se: ainda estamos aprendendo o básico. Portanto, não se prenda a detalhes, que mais tarde nós iremos passar um pente fino em tudo que estamos vendo nesta seção. Por enquanto, nosso objetivo aqui é enviar um e-mail para alertar quando algo de errado acontecer com nosso sistema utilizando a condição que acabamos de configurar.

No campo 'Operações', clique em 'Adicionar'. O tipo de operação que iremos usar é 'Enviar mensagem'. No campo 'Enviar para usuários', clique no link 'Adicionar' e em seguida marque o usuário **Admin** e clique no botão 'Selecionar'. Automaticamente será exibida a mídia que cadastramos para o usuário 'Admin' anteriormente. Na caixa de seleção 'Enviar apenas para', selecione 'Email'. Nossa configuração de operação de envio de e-mail para o usuário 'Admin' ficará conforme a figura a seguir:

Clique em 'Adicionar' e veremos a tela das configurações da aba 'Operações', que estará conforme a figura a seguir:

Por último, clicamos no botão 'Adicionar' no canto inferior da tela de ações, localizado próximo ao botão 'Cancelar'. Pronto.

Vamos a algumas explicações: acabamos de configurar uma ação que enviará um e-mail para o usuário **Admin** quando o *threshold* da *trigger* **Utilização de CPU está muito alta for atingido.** Você pode ter observado que não configuramos a mensagem que será enviada no e-mail de alerta. Nesse caso, utilizaremos as mensagens padronizadas no tipo de mídia, que pode ser visualizado em 'Message templates' na configuração da mídia de 'Email', conforme exibido na figura a seguir:

Nesse caso, como configuramos a ação para operação de incidente, o Zabbix irá enviar o e-mail com o texto presente no *template* de incidente. Para personalizar a mensagem de envio, em 'Detalhes da operação' você poderia marcar 'Custom message', que iria exibir o campo assunto e o campo mensagem para você personalizar o texto a ser enviado no e-mail.

Vamos observar as configurações da mensagem do *template* do tipo incidente.

Observe que temos palavras entre chaves. São macros do Zabbix que utilizamos para substituir por valores. Por exemplo: no campo 'Mensagem', temos as macros {EVENT.NAME} e {HOST.NAME}. Elas substituem o nome do evento e o nome do *host* que selecionamos para criar a ação. No campo assunto a macro {EVENT.NAME} também está sendo utilizada. Isso significa que o assunto da mensagem do e-mail que será enviado para o usuário **Admin** estará informando: Problem: **Uso de CPU está muito alto**.

O uso de macros é essencial quando desejarmos usar valores de objetos que alteram seu conteúdo. Quando o Zabbix lê uma configuração que está utilizando macro, ele simplesmente busca o seu real conteúdo no banco de dados para apresentação na interface web. Existem três tipos de macros no Zabbix:

- Macro de sistema, cuja sintaxe utilizada é {MACRO}.
- Macro global e macros de usuário, cuja sintaxe é {$MACRO}.
- Macro de descoberta, cuja sintaxe é {#MACRO}. Utilizada em regras de autobusca.

Podemos conferir uma listagem das macros de sistema no endereço <https://www.zabbix.com/documentation/current/manual/appendix/macros/supported_by_location>. Para cadastrar macros globais, utiliza-se o menu **Administração > Geral**.

Voltando à explicação da ação que cadastramos, precisamos verificar o seu funcionamento. Acesse o menu 'Relatórios' e clique em 'Notificações'. Selecione 'Email' na caixa de seleção 'Tipo de mídia'. Deixe esta tela aberta. Agora rodaremos o mesmo comando executado no exemplo anterior para criar uma carga no sistema e forçar um disparo da *trigger* **Uso de CPU está muito alto**:

```
# sysbench cpu run --threads=1 --time=180 --cpu-max-prime=8000000
```

Quando a *trigger* for disparada, automaticamente a ação irá detectar o problema através da regra que nós criamos e enviará uma notificação por e-mail ao usuário **Admin**. Observe a figura a seguir:

11/05/2020 00:00	18/05/2020 00:00	
18/05/2020 00:00	25/05/2020 00:00	
25/05/2020 00:00	26/05/2020 08:28	1

Podemos verificar que o usuário **Admin** recebeu um e-mail no período de 11/05/2020 a 25/05/20120. Portanto, a ação que acabamos de criar está funcionando plenamente.

Outra tela que podemos confirmar que o problema da *trigger* gerou uma ação para envio do e-mail é em **Monitoramento > Incidentes**. Você observará que um símbolo surgirá na coluna **Ações**, conforme mostra a figura a seguir.

Agora você já pode personalizar as notificações para serem enviadas por diferentes grupos de usuários e diferentes tipos de mídia. Por exemplo: em uma empresa existem várias equipes, e cada uma é responsável por determinados serviços. Ficaria inviável enviar todas as notificações para todas as equipes. Portanto, é possível configurar o envio de uma notificação para a equipe de DBA caso ocorra um problema com o servidor de banco de dados e uma notificação para a equipe de operações de rede caso ocorra algum problema em um *switch*. Caso algum serviço seja de interesse de várias equipes, basta incluirmos outra operação de ação e selecionarmos grupos e/ou usuários diferentes.

Neste momento você pode estar pensando: "poxa, pra que um cara escreve um livro sobre um sistema fácil desse jeito? Em poucas páginas já conseguiu explicar um monitoramento e até configurar o envio de um e-mail quando um alerta for acionado". Daí eu digo: ledo engano, meu caro. Parece simples. Porém, à medida que você for estudando o sistema, verá o quão complexo e espetacular ele é.

O que nós veremos daqui para frente é algo que você irá gostar muito, especialmente para quem comprou esta obra com o intuito de aprimorar seus conhecimentos e implementar um monitoramento profissional.

7.5. Monitoramento ativo, passivo ou checagem simples

No tópico 7.2 cadastramos um item utilizando o agente passivo do Zabbix, que é o tipo padrão e comumente mais utilizado para a coleta de informações. Também sabemos que a comunicação entre o agente passivo e o servidor é realizada em ambas as direções, ou seja, o servidor consulta uma informação com o agente, e este responde com o valor da informação. Agora veremos mais dois tipos de coleta de dados para fecharmos este capítulo de monitoramento básico.

Agente ativo: utilizamos este tipo de monitoramento principalmente quando desejamos monitorar um *host* que possui políticas de *firewall* que não podem ser alteradas, ou seja, você não é administrador do *firewall* da rede e não tem permissão para alterar as configurações que estão bloqueando a comunicação do Zabbix Agent com o Zabbix Server em modo passivo. Este é o cenário ideal para configurar o agente em modo ativo. Também é válido utilizar este modo quando estiver trabalhando com *hosts* entre localidades diferentes (filiais, clientes externos etc.) e não tiver um *proxy* do Zabbix configurado nessas localidades, justamente para evitar a perda de dados que pode ocorrer no modo passivo. Porém, resalto: em um cenário entre localidades diferentes, sempre utilize Zabbix Proxy. No modo ativo, apesar de poder ocorrer falha na comunicação, os dados coletados estarão armazenados em *buffer*, e quando a conexão for restabelecida o agente enviará tudo de uma vez para o Zabbix Server. Detalhes sobre a seção de configuração do agente em modo ativo podem ser encontrados em <https://www.zabbix.com/documentation/current/manual/appendix/config/zabbix_agentd>.

Devemos tomar alguns cuidados quando formos configurar um *host* para atuar em modo ativo. Vamos a alguns detalhes do arquivo de configuração do agente:

> O parâmetro **Hostname** deve ser o mesmo nome que estiver cadastrado para o *host* na interface web. No nosso exemplo deverá ser **Meu primeiro host**.
> No cadastro do item, o tipo deverá ser alterado para **Agente Zabbix (ativo)**.
> Você pode alterar o intervalo de atualização dos itens em modo ativo através do parâmetro **RefreshActiveChecks**, respeitando o limite entre 60 e 3600 segundos. O padrão é 120 segundos.

Vamos utilizar a operação de clone do item que cadastramos anteriormente e modificar algumas opções. Acesse o item **Utilização de CPU** e, em seguida, clique no botão 'Clonar', localizado no canto inferior da tela de cadastro do item.

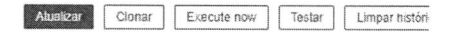

Após clicar no botão 'Clonar', surgirá a tela para adicionarmos o novo item, aproveitando os dados do item clonado. Modificaremos os seguintes itens: **Nome**, **Tipo**, **Chave** e **Unidades**, conforme podemos visualizar na figura a seguir:

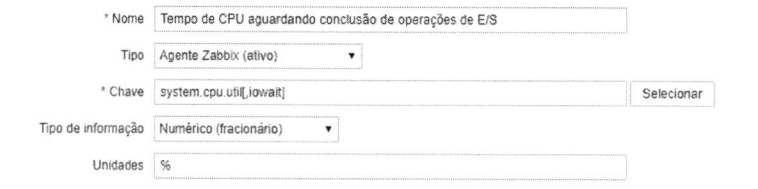

Observe que inserimos uma nova informação no campo unidades. Esse campo serve para adicionarmos símbolos que serão processados pelo Zabbix para apresentar na visualização do item, como, por exemplo, em dados recentes e também em gráficos.

Como sabemos que esse tipo de item retorna dados em porcentagem (%), podemos adicionar esse símbolo como unidade no cadastro do nosso item.

Após cadastrar o item para ser monitorado no modo ativo, você pode verificar em dados recentes se o item começou a receber informações. Aqui vale uma informação importante: se você estiver seguindo os exemplos do livro e possui uma instalação nova do Zabbix para executar todos os procedimentos aqui apresentados, provavelmente você está com dois *hosts* cadastrados, **Zabbix server** e **Meu primeiro host**. Também deve estar usando um único servidor (máquina virtual, por exemplo) e vai reparar que o item ativo ainda não entregou informações para o Zabbix. Lembra que no início do tópico eu informei que o parâmetro **Hostname** deve ter o mesmo nome que o cadastro do *host* no Zabbix? Então, devemos modificar esse parâmetro na configuração do arquivo **/etc/zabbix/zabbix_agentd.conf**, pois ele está parametrizado como Zabbix Server. Iremos alterar para **Meu primeiro host**.

```
Hostname=Meu primeiro host
```

Após salvar o arquivo, reinicie o serviço do Zabbix Agent.

```
# systemctl restart zabbix-agent
```

Podemos verificar se está tudo correto, ou seja, se o agente está enviando as informações para o servidor, executando o seguinte comando:

```
# zabbix_agentd -R log_level_increase && tail -f /var/log/
zabbix/zabbix_agentd.log
```

Você verá que o *log* registrou as seguintes informações:

```
3214:20200527:081449.055 In refresh_active_checks()
host:'127.0.0.1' port:10051

3214:20200527:081449.056 sending [{"request":"active
checks","host":"Meu primeiro host"}]

3214:20200527:081449.056 before read
```

**3214:20200527:081449.061 got [{"response":"success","data":[{"key":
"system.cpu.util[,iowait]","delay":60,"lastlogsize":0,"mtime":0}]}]**

```
3214:20200527:081449.061 End of add_check()
3214:20200527:081449.062 End of parse_list_of_checks():SUCCEED

3214:20200527:081449.062 End of refresh_active_checks():SUCCEED

3214:20200527:081449.062 zbx_setproctitle() title:'active checks
#1 [processing active checks]'

3214:20200527:081449.062 In process_active_checks()
server:'127.0.0.1' port:10051

3214:20200527:081449.062 for key [system.cpu.util[,iowait]]
received value [0.727777]

3214:20200527:081449.062 In process_value() key:'Meu primeiro
host:system.cpu.util[,iowait]' lastlogsize:null value:'0.727777'

3214:20200527:081449.062 buffer: new element 0

3214:20200527:081449.063 End of process_value():SUCCEED
```

Observe que o agente recebeu do Zabbix Server o que ele precisava enviar no intervalo que configuramos de 60 segundos ("delay": 60 no *log*) e processou a informação entregando o valor 0.727777.

Monitoração simples: utilizamos este tipo de monitoramento quando não temos a possibilidade de instalar um Zabbix Agent e também o dispositivo alvo de monitoração não tem suporte a SNMP. A checagem simples utiliza métodos básicos, tais como: executar *ping*, verificar se determinada porta de comunicação está aberta etc. Vamos fazer um exemplo onde será verificada a porcentagem de perda de pacotes. Para isso, criaremos um item com as seguintes informações:

- **Nome** – Perda de pacotes
- **Tipo** – Monitoração simples
- **Chave** – icpmpingloss
- **Tipo de informação** – Numérico (fracionário)
- **Unidades** – %

A partir desse item, podemos configurar uma *trigger* para verificar, por exemplo, se nos últimos três minutos houve perda de pacotes.

O Zabbix possui diversos exemplos de *templates* que utilizam checagem simples. Você também pode obter uma listagem das chaves suportadas por esse tipo de monitoramento em <https://www.zabbix.com/documentation/current/manual/config/items/itemtypes/simple_checks>.

> **CONCLUSÃO**
>
> **Vimos neste capítulo a aplicação de um monitoramento básico utilizando os conceitos que aprendemos até o momento. Se você não pulou os capítulos anteriores, deve ter observado que aplicamos os conceitos descritos nos capítulos 5 e 6. Mostrei e apliquei cada um dos conceitos em cada tópico deste capítulo para demonstrar como é fácil aplicar uma monitoração no Zabbix. Logicamente, vimos o básico do básico.**

8. Gerenciamento de *Hosts*

Antes de iniciarmos um projeto de monitoração, precisamos definir o que será monitorado. Esta tarefa não é fácil e demanda tempo para ser finalizada, principalmente porque temos que definir não apenas os *hosts* a serem monitorados, mas também quais métricas desejamos coletar, definir *thresholds* baseados nas regras de negócio, como serão enviados os alertas, quais equipes terão visualização etc.

O Zabbix permite fazer um gerenciamento bastante eficaz, devido ao seu controle de grupos e utilização de *templates*, que reduz o retrabalho de configuração. Imagine um ambiente com mais de mil *hosts* em que você precisa fazer uma alteração em um item de monitoramento que é idêntico em todos esses *hosts*. Já imaginou a perda de tempo para configurar cada um? Com o gerenciamento de *hosts* através de *templates* nós reduzimos esse tempo e controlamos nossos *hosts* de maneira padronizada, criando *templates* separados para serviços e sistemas. Por exemplo: podemos criar *templates* para Linux, Windows, Apache, PostgreSQL etc.

Basicamente, nós utilizamos três submenus do menu 'Configuração' para gerenciar os *hosts* que serão monitorados. São eles:

- Grupo de *hosts*
- *Templates*
- *Hosts*

8.1. Grupos de *hosts*

Assim que você entrar na página de configuração 'Grupos de hosts', através do menu 'Configuração', verá que por padrão o Zabbix traz alguns grupos. Se você está seguindo os exemplos deste livro desde o início, verá que o *host* **Meu primeiro host** criado anteriormente encontra-se no grupo **Linux servers**, conforme foi selecionado no momento de sua criação.

Grupos de hosts

Nome ▲	Hosts	Templates	Membros
Discovered hosts	Hosts	Templates	
Hypervisors	Hosts	Templates	
Linux servers	Hosts 1	Templates	Meu primeiro host
Templates	Hosts	Templates	
Templates/Applications	Hosts	Templates 19	Template App Apache by HTTP, Template App Ap HTTP, Template App Generic Java JMX, Templat Template App Nginx by Zabbix agent, Template A Template App RabbitMQ node by Zabbix agent, T Server
Templates/Databases	Hosts	Templates 7	Template DB ClickHouse by HTTP, Template DB Template DB PostgreSQL, Template DB Redis

Observando a figura anterior, podemos verificar na coluna 'Membros' que o *host* **Meu primeiro host** foi associado ao grupo **Linux Servers**. Observe também que temos três tipos de coloração para os *links* desta coluna (no livro você não distinguirá as cores). Verde quer dizer que se trata de um *host* que está com seu monitoramento ativado. Vermelho quer dizer que se trata de um *host* com seu monitoramento desativado. Por último, cinza quer dizer que se trata de um *template*, apenas para distinguir que não é um *host*.

A segunda coluna indica duas informações importantes: a quantidade de *templates* e *hosts* que fazem parte daquele grupo.

Podemos dizer que o grupo de *hosts* tem a finalidade de separar um conjunto de *hosts* para melhor organização, podendo por exemplo ser separados por departamentos de uma empresa, aplicações, máquinas virtuais, sistemas operacionais etc. Veremos mais adiante, quando entrarmos no assunto de gerenciamento de usuários, a importância de criar grupos de *hosts*.

Também não podemos confundir grupos de *hosts* com *templates*. No conceito do Zabbix, podemos distinguir esses dois termos da seguinte maneira:

- ➢ **Grupos** – Associa *hosts* e/ou *templates* a determinados grupos.
- ➢ **Templates** – Define um conjunto de configurações (itens, *triggers* etc.) aplicadas a vários *hosts*. Ou seja, um modelo que servirá de base para utilização em *hosts* com os mesmos padrões. Por exemplo: mesmo sistema operacional, mesma configuração de *hardware*, entre outros.

É importante você saber a diferença entre os dois conceitos para gerenciar grupos e *templates* de forma correta.

Cadastraremos um grupo chamado **Monitoramento Livro**. Clique no botão 'Criar Grupo de hosts'. **Nome do grupo** é a única informação solicitada para o cadastro de um grupo de *hosts*. Após inserir o nome do grupo, clique em 'Adicionar'.

Observe que neste momento não incluímos nenhum *host* neste grupo.

	Nome ▲	Hosts	Templates	Membros
☐	Discovered hosts	Hosts	Templates	
☐	Hypervisors	Hosts	Templates	
☐	Linux servers	Hosts 1	Templates	Meu primeiro host
☑	Monitoramento Livro	Hosts	Templates	
☐	Templates	Hosts	Templates	
☐	Templates/Applications	Hosts	Templates 19	Template App Apache by HTTP,

Grupos de hosts

Observe na figura anterior que nosso grupo foi criado com sucesso. Agora podemos incluir esse grupo criado ao *host* **Meu primeiro host**. Vou aproveitar esta mesma tela para explicar os comandos disponíveis para gerenciar os grupos de *hosts*, acessíveis via botões localizados na parte inferior da tela. São eles:

> **Ativar** *hosts* – Caso algum grupo esteja selecionado, ao clicar neste botão, todos os *hosts* pertencentes ao grupo selecionado serão ativados para monitoramento.
> **Desativar** *hosts* – Caso algum grupo esteja selecionado, ao clicar neste botão, todos os *hosts* pertencentes ao grupo selecionado terão seu monitoramento desativado.
> **Excluir** – Remove o grupo selecionado. Esta opção só é executada com sucesso caso o grupo não possua *hosts* associados.

8.2. *Templates*

Assim como no **Grupo de *hosts***, o Zabbix por padrão já vem com um conjunto de *templates* predefinidos. No menu 'Configuração' clique em 'Templates' e será apresentada a tela a seguir:

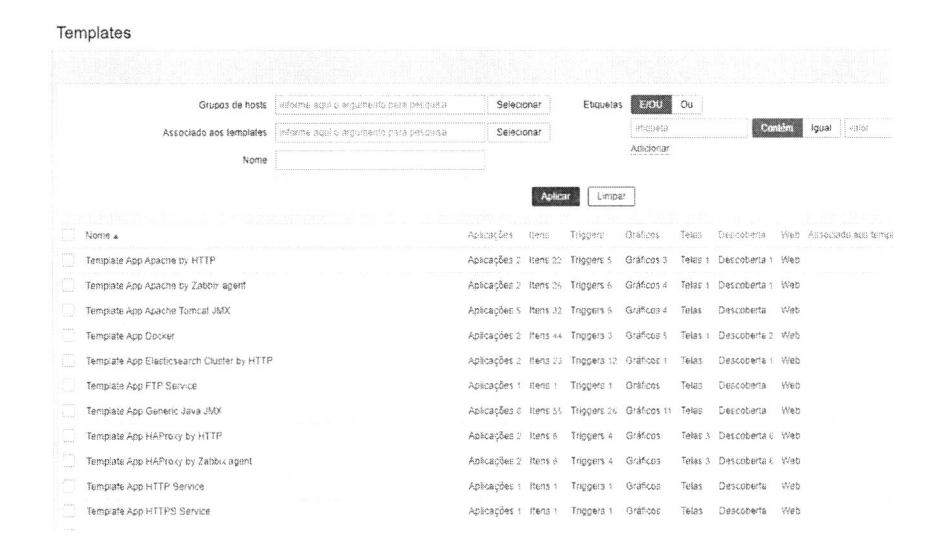

A figura anterior exibe parte tela de configuração de *templates* com os comandos disponíveis (figura a seguir) localizados na parte inferior da tela.

Os botões de comando serão explicados no tópico 8.2.3.

8.2.1. Criando um novo *template*

No canto superior direito da tela, temos o botão 'Criar Template'. Vamos criar nosso primeiro *template*.

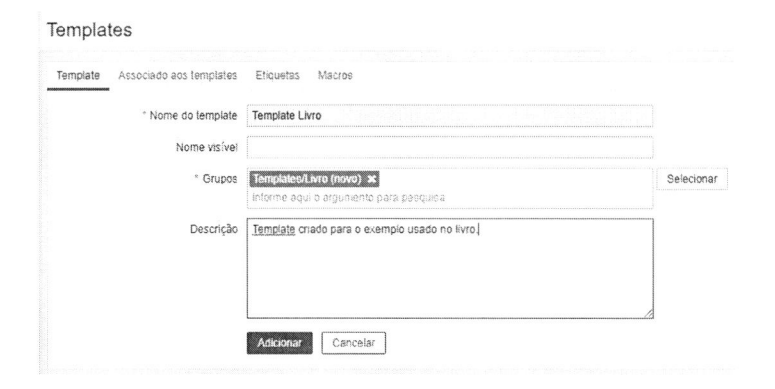

Conforme a figura anterior, nomeie o *template* de **Template Livro**. Eu particularmente gosto de deixar todos os *templates* criados em ambiente de laboratório no grupo chamado **Template**, que já vem por padrão no Zabbix (eu criei este hábito para não bagunçar grupos e *templates*). Também podemos usar subgrupos para criar uma separação ainda mais organizada. Sugiro utilizar esse tipo de abordagem para ambientes grandes de monitoramento. Para criar um novo grupo para esse *template*, basta apenas informar seu nome no campo **Grupos** ou selecionar outro grupo existente. Para o nosso exemplo, vamos criar um subgrupo **Livro** dentro do grupo **Templates**, ficando da seguinte forma: **Templates/Livro**. Ao inserir essa informação no campo **Grupos**, surgirá o termo '(novo)' após o valor que inserirmos. Isso significa que estaremos cadastrando um novo grupo sem a necessidade de voltarmos à tela de cadastro de grupos, usando a tela de cadastro do nosso novo *template* para isso.

Nosso *template* já está sendo exibido com os demais. Observe a figura a seguir e compare com os outros *templates*. Veja que não temos nenhum elemento (aplicações, itens, *triggers* etc.) associado a **Template Livro**.

☐ Template Livro		Aplicações	Itens	Triggers	Gráficos	Telas	Descoberta	Web
☐ Template Module Brocade_Foundry Performance SNMPv2		Aplicações 2	Itens 2	Triggers 2	Gráficos 2	Telas	Descoberta	Web
☐ Template Module Cisco CISCO-ENVMON-MIB SNMPv2		Aplicações 3	Itens	Triggers	Gráficos	Telas	Descoberta 3	Web

A partir desse momento podemos criar itens e *triggers*.

> **Dica: monitorar é fácil. Complicado mesmo é definir o que queremos monitorar.** É por esse motivo que nós estamos seguindo passo a passo o que realmente deve ser colocado em prática. Isso não é receita de bolo. Estou utilizando uma lógica de acordo com a experiência que fui adquirindo ao longo dos anos de estudo e de administralção do Zabbix. Isso não quer dizer que você deva seguir este roteiro. Cada um tem uma maneira de colocar em prática aquilo que aprendeu.

8.2.2. Importando um *template*

Vamos verificar o comando 'Importar', que é algo simples de se fazer. Ele tem a finalidade de importar uma configuração já feita e gravada. Por exemplo: você deseja monitorar os recursos utilizados pelo servidor Apache, mas não tem ideia de quais itens monitorar. Então você achou um *template* compartilhado no site <https://share.zabbix.com> ou encontrou um artigo na internet que disponibiliza um *template* para monitoramento do Apache, isto é, o arquivo XML.

Clicando no botão 'Importar', veremos a tela anterior. Observe que temos a possibilidade de selecionar o que desejarmos importar. Digamos que temos o arquivo **template_apache.xml**. Selecionaremos este arquivo clicando no botão 'Escolher arquivo'. Depois, você pode selecionar o que deseja importar deste *template* verificando a primeira coluna à esquerda no painel 'Regras'. A segunda coluna ('Atualizar existente') atualiza as regras já existentes. Isso quer dizer que, se você já possui um elemento com o mesmo nome, ele irá sobrepor as configurações deste elemento. Já a terceira coluna ('Criar novo') irá importar todos os elementos para um *template* que estiver em falta, ou seja, não estiver cadastrado. A última coluna exclui os elementos ausentes no *template* caso ele esteja sendo atualizado. Ou seja, caso exista algum elemento no *template* que estiver sendo importado e o Zabbix não encontrar no *template* de mesmo nome no sistema, os elementos serão excluídos durante a atualização.

A princípio é um pouco confuso. Tome muito cuidado quando utilizar este recurso do Zabbix. Uma importação pode dar erro quando temos *hosts* associados a determinados *templates*, o que pode deixar de atualizar algum elemento que você deseja. Sugiro fazer esse procedimento em um ambiente de testes/homologação para verificar o comportamento da importação de determinado *template*. É uma forma de você validar a importação do *template* e ajustar os possíveis erros que poderão surgir, para não ser surpreendido quando for aplicar em ambiente de produção.

Após selecionar as opções, o próximo passo é clicar no botão 'Importar'.

8.2.3. Botões de comando

Assim como no grupo de *hosts*, na tela de *templates* temos alguns comandos de controle. Vamos entender cada comando:

- **Exportar** – Este comando faz com que o Zabbix gere um arquivo em formato XML do *template* que estiver selecionado. Útil para gravar as informações configuradas, caso seja necessário recuperar um *backup* e importar em outros servidores.
- **Atualização em massa** – Esta opção é uma forma de atualizar informações parecidas entre *templates*, como por exmplo: grupo de *hosts*, vínculos de *templates*, *tags* e macros. Usamos essa opção quando precisamos atualizar essas informações que se aplicarão a mais de um *template* para ganhar tempo e evitar o retrabalho. As opções desse comando são bem intuitivas e não vale aqui na obra uma explicação mais detalhada. Sugiro seguir o que a documentação oficial detalha. Essa parte da documentação pode ser encontrada no link <https://www.zabbix.com/documentation/current/manual/config/templates/mass>.
- **Excluir** – Este comando remove o *template* selecionado. Porém, os *hosts* associados ao *template* herdam todos os elementos criados pelo *template*. Ou seja: os itens, *triggers* etc. serão elementos de cada um dos *hosts* que estiver associado ao *template* a ser removido.
- **Excluir e limpar** – Este comando, além de remover o *template*, também remove os elementos associados (itens, aplicações etc.) dos *hosts* que estavam associados ao *template* selecionado, bem como os dados coletados pelo *host*.

8.3. Hosts

No Capítulo 7 nós aprendemos a criar um *host* para ser monitorado no Zabbix, porém utilizamos apenas a primeira "aba" da tela de cadastro. Observe na figura a seguir que temos mais opções:

Hosts

| Host | Templates | IPMI | Etiquetas | Macros | Inventário | Criptografia |

Para um *host* simples, como, por exemplo, um servidor com sistema operacional GNU/Linux, basicamente utilizamos apenas as abas **Host** e **Templates**. A aba **Templates** não é obrigatória, pois, como vimos no Capítulo 7, cadastramos itens e *triggers* direto no *host*. Essa não é uma boa prática. Apenas mostrei um monitoramento simples. O ideal é organizar por *templates*, conforme já explicado anteriormente.

Conforme exibido na figura anterior, temos algumas opções para configurar um *host* no Zabbix. Vamos passar por cada uma dessas abas e explicar alguns detalhes importantes.

Na aba **Host** temos disponível a opção de selecionarmos por qual interface será realizado o monitoramento do *host*. Vejamos a figura a seguir:

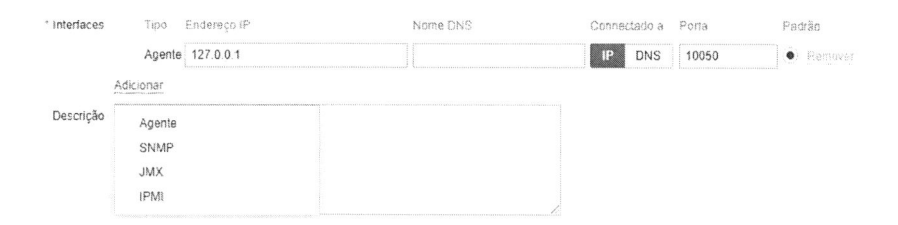

É possível termos um único *host* usando várias interfaces para monitoramento. Por exemplo: um único *host* cadastrado podendo monitorar via Zabbix Agent e também por interface IPMI. Cada um pode ter a sua regra de gerenciar os *hosts* no Zabbix. Eu, particularmente, gosto de cadastrar *hosts* por tipo de serviço. Portanto, é muito raro eu ter um único *host* com várias interfaces e, consequentemente, *templates* diferentes.

Observe nessa tela (que é do nosso *host* **Meu primeiro host**) que temos a interface do agente do Zabbix cadastrada. Em versões anteriores do Zabbix esse menu suspenso não era exibido, pois tinhámos a opção de adicionar as interfaces diretamente em cada um dos tipos que já tinham seus campos específicos. Com essa opção de menu suspenso, a interface do cadastro de interfaces ficou mais limpa.

Em se tratando dos demais tipos de interfaces, só temos mudanças na interface SNMP. Vejamos na figura a seguir:

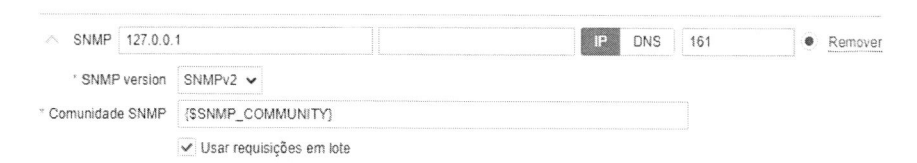

Quando selecionamos a interface SNMP, podemos trabalhar com as versões 1, 2 e 3 desse protocolo. Também associamos a comunidade SNMP (onde podemos atribuir uma macro de usuário) e se as requisições ao *host* serão feitas em lote ou não. Para a versão 3 do protocolo, surgem mais três opções relacionadas a segurança que vão depender de como o *host* alvo estiver configurado.

Ainda nessa tela, podemos observar o campo **Monitorado por proxy**. Aqui podemos selecionar qual o *proxy* responsável por coletar as informações monitoradas nesse *host*, caso essa configuração esteja sendo utilizada.

Na aba **Templates** temos a opção de associar novos *templates* clicando no botão 'Selecionar' ou digitando parte do nome do *template* para iniciar a busca.

Vamos associar o *template* **Template Livro**, criado no tópico 8.2.1. Digitando o termo "livro" no campo **Link new templates**, surgirão os *templates* que possuem esse termo. Basta clicar no item que surgir e no botão 'Atualizar', no cadastro do *host*.

Observe que, após associarmos o **Template Livro** ao *host*, este já é exbido no cadastro do *host* na aba **Templates**. Temos em frente ao nome do *template* dois comandos para *templates* associados ao *host, que* são: 'Desassociar' e 'Desassociar e limpar'. O primeiro comando apenas remove a associação que o *host* tem com o *template*, portanto, os itens do *template* são transferidos para o cadastro do *host*. Já o segundo, além de remover a associação do *template*, limpa todos os dados coletados dos itens listados no *template* relacionado ao *host* (neste caso, os elementos do *template* não são herdados pelo *host*). Essa opção é importante quando você não for mais utilizar esses dados, pois elimina todos os registros no banco de dados.

A aba **IPMI** será explicada posteriormente, no Capítulo 21, junto com a demonstração de um exemplo.

A aba **Etiqueta** permite definir *tags* para o *host*. *Tags* de *hosts* podem ser utilizadas para filtrar permissões de grupo de *hosts* no cadastro de grupo de usuários e para filtrar problemas deste *host* na visualização de incidentes, por exemplo.

A aba **Macros** nós utilizamos para cadastrar as macros que serão utilizadas apenas para o *host* que está sendo cadastrado/alterado.

A aba **Inventário do *host*** é utilizada para cadastrarmos as informações de hardware e software do *host* monitorado. Por padrão essa opção vem desabilitada, podendo ser utilizada manualmente ou de forma automática pelo sistema. A maneira autormática de utilizar o inventário do *host* se faz através da coleta de itens, podendo relacionar no cadastro do item o campo no inventário que será preenchido automaticamente.

Para finalizar a tela de cadastro de *host*, temos a aba **Criptografia**. Nesta aba configuramos como será realizada a comunicação do *host* para com o Zabbix Server ou Zabbix Proxy. Essa opção está disponível apenas com o uso do Zabbix Agent, tanto para o modo passivo como para o modo ativo. Veremos mais detalhes no tópico 18.2.

Ainda falando sobre gerenciamento de *hosts*, temos disponíveis mais configurações, conforme a seguir:

- Aplicações
- Itens
- *Triggers*
- Gráficos
- Descoberta
- Web

Essas configurações são acessadas a partir do menu **Configuração > Host**, onde estarão listados todos os *hosts* cadastrados. Essas mesmas opções também temos disponíveis no menu **Configuração > Templates**. Na figura a seguir, aparecem o *host* **Meu primeiro host** e as opções que temos para configuração.

Observe que temos números à direita de cada opção com a quantidade de registros cadastrados para cada um desses componentes do *host*. Ao clicarmos no link de cada opção nas colunas, acessamos uma tela para cadastrarmos ou alterarmos esses registros. Por exemplo: nosso *host* já está cadastrado; se quisermos fazer alterações, basta clicar no link do seu nome para acessar a tela de cadastro. Veremos mais detalhes sobre cada um desses itens nos tópicos a seguir. Abaixo da listagem dos *hosts*, temos disponíveis botões de ações que podemos executar na configuração de *hosts*. Vamos entender cada comando:

> **Exportar** – Este comando faz com que o Zabbix gere um arquivo em formato XML do *host* que estiver selecionado. Útil para gravar as informações configuradas, caso seja necessário recuperar um *backup* e importar de outros servidores.
> **Atualização em massa** – Este comando nos dá a opção de atualizarmos informações que utilizamos para mais de um *host*. Por exemplo: você criou um novo *template* e deseja associar a um grupo de *hosts*. Para você não perder tempo acessando cada *host* e associando esse *template*, utilizamos a atualização em massa para fazer esse trabalho em todos os *hosts*.
> **Ativar** – Este comando ativa o monitoramento de um conjunto de *hosts* que estiver selecionado. Também é possível utilizar este recurso através do comando **Atualização em massa**.
> **Desativar** – Este comando desativa o monitoramento de um conjunto de *hosts* que estiver selecionado. Também é possível utilizar este recurso através do comando **Atualização em massa**.
> **Excluir** – Este comando remove um conjunto de *hosts* que estiver selecionado.

Assim como vimos no tópico anterior de *templates*, também podemos importar configurações de *hosts*. Basta utilizar o mesmo processo do tópico anterior para importar *hosts*.

Veremos como realizar o cadastro e o gerenciamento das opções que temos para configuração de *hosts*. Itens e *triggers* nós já vimos em capítulos anteriores. Porém, veremos outros detalhes ainda não abordados.

Como comentei anteriormente, cadastrar os componentes diretamente no *host* não é uma boa prática. Para melhor gerenciamento e aproveitamento de configurações, trabalharemos com os tópicos a seguir diretamente no nosso *template* **Template Livro**. No final deste capítulo, iremos retirar toda a configuração que fizemos para o *host* e mover para nosso *template*.

8.4. Aplicações

As aplicações são maneiras de definirmos os grupos de itens. Nós criamos esses grupos de aplicações para melhor organização dos monitorados, facilitando a visualização dos dados coletados. Vamos acessar o menu **Monitoramento > Dados recentes**. Observe a figura a seguir:

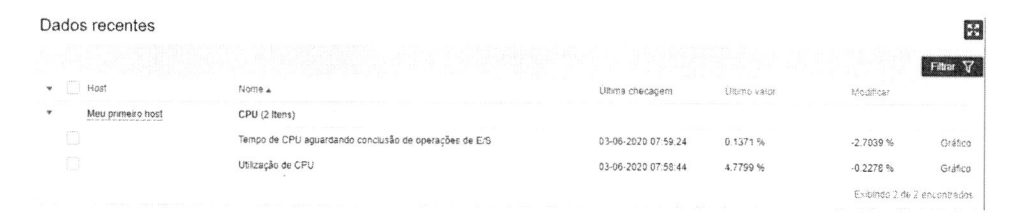

Podemos notar que os dois itens que cadastramos estão na categoria **CPU**. Isso porque, no momento em que cadastramos o primeiro item, incluímos uma nova aplicação para ele e ao cadastrar o segundo item escolhemos **CPU** como aplicação.

Vamos cadastrar uma nova aplicação. Vamos para o menu **Configuração > Templates**. Filtre pelo nome do nosso *template* para facilitar a visualização e clique no link 'Aplicação' da linha do nosso *template* **Template Livro**. Na tela que abrir, clique no botão 'Criar aplicação'. A tela de cadastro de aplicação é simples e possui apenas um campo para ser preenchido, que é justamente o nome da aplicação.

Cadastraremos a aplicação com o nome de **Rede**. Clique em 'Adicionar'. A figura a seguir ilustra como a nova aplicação deverá ser exibida:

Se acessarmos as aplicações no *host* **Meu primeiro host**, visualizaremos duas aplicações para o nosso *host*. Observe a figura a seguir:

Aplicações							
Todos os hosts / Meu primeiro host		Ativo	ZBX	SNMP JMX IPMI		Aplicações 2	Itens 2
☐	Aplicação ▲						
☐	CPU						
☐	Template Livro: Rede						

Como nosso *host* está associado ao *template* **Template Livro**, a aplicação **Rede** foi herdada pelo *host*. Observe que essa aplicação está identificada como sendo do *template* **Template Livro**.

Vamos cadastrar um item e associá-lo a essa nova aplicação criada.

8.5. Itens

Para cadastrarmos um item, é necessário que tenhamos um *host* ou um *template* criado. Nós já temos um item criado para o *host* **Meu primeiro host**. Agora cadastraremos um item para o *template* **Template Livro**. Vamos acessar o menu **Configuração > Templates** e clicar no link 'Itens' do *template* **Template Livro**.

O item que nós criaremos coletará o tráfego de entrada de dados na interface **enp0s3**. Para isso, vamos inserir as seguintes informações na aba **Item**:

> ➤ **Descrição** – Tráfego de entrada na interface enp0s3
> ➤ **Tipo** – Agente Zabbix
> ➤ **Chave** – net.if.in[enp0s3]
> ➤ **Tipo de informação** – Numérico (fracionário)
> ➤ **Unidades** – bps
> ➤ **Intervalo atualização (em seg)** – 1m
> ➤ **Aplicações** – Selecionar Rede

Na aba **Pré-processamento**:

> ➤ **Modificar** – Modificações por segundo
> ➤ **Multiplicador** – 8

Ao salvarmos a inclusão deste novo item, podemos voltar ao menu **Monitoramento > Dados recentes** e verificar que já temos outra categoria de aplicação sendo exibida.

Essa visão de dados recentes é interessante quando queremos verificar a saúde de um sistema separando por categorias, em vez de visualizarmos os dados através do submenu **Visão geral**, onde os dados são listados em ordem alfabética.

O campo **unidades** deve ser usado apenas quando desejarmos mensurar taxas de transferências de dispositivos de bloco e de rede, além de usarmos para unidades de data e hora. As unidades que podemos usar são:

- **B** – *Byte*
- **bps** – *Bytes* por segundo
- **unixtime** – Traduzido para "yyyy.mm.dd hh:mm:ss"
- **uptime** – Traduzido para "hh:mm:ss" ou "N days, hh:mm:ss"
- **s** – Traduzido para "yyy mmm ddd hhh mmm sss ms"

Para os tipos **B** e **bps**, os valores são automaticamente multiplicados e, quando necessário, exibem o valor de forma correta. Por exemplo: **1024 Bps** será exibido **1 KBps**. Não é preciso alterar o tipo, pois o Zabbix já realiza essa tarefa. Para o Zabbix traduzir corretamente, os tipos de data e hora devem ser recebidos em segundos, com exceção do tipo **unixtime**, que deve ser recebido em texto puro.

> Obs.: é possível utilizar outras unidades, como por exemplo: C ou F (para temperaturas), % (porcentagem) etc., desde que o item retorne valor adequado; caso contrário, teremos uma informação falsa, ou seja, que não condiz com o resultado desejado.

Outro campo que merece destaque na tela do cadastro de item é o **Preenche o campo inventário do host**, principalmente se no cadastro do *host* você for usar inventário automático.

Se você achar interessante coletar algum item em horários diferentes, isso deve ser especificado usando a seguinte sintaxe no campo **Novo intervalo flexível**:

d-d,hh:mm-hh:mm

Onde:

- d = dia da semana (1 – segunda-feira, 2 – terça-feira, ..., 7 – domingo)
- hh = horas (00-24)
- mm = minutos (00-59)

Exemplo: 1-5,08:00-17:00 – ou seja, de segunda a sexta-feira, das 08:00h às 17:00h. Para mais detalhes, você pode consultar a documentação oficial em <https://www.zabbix.com/documentation/current/manual/config/items/item/custom_intervals>.

O campo **Mostrar valor** é útil para exibição de valores em vez de números. Existem alguns mapeamentos definidos e que são listados na caixa de seleção deste campo. Porém, é possível você personalizar seus próprios valores clicando no link 'Mostrar mapeamento de valores', onde será possível cadastrar e/ou alterar mapeamento. Essa opção também pode ser acessada pelo menu **Administração > Geral**, escolhendo a opção 'Mapeamento de valor'.

Dentre os itens mais importantes neste cadastro, devemos dar uma atenção especial ao campo **Período de retenção do histórico**, onde informamos o número de dias para manter um histórico detalhado no banco de dados do Zabbix. Neste campo você deve tomar cuidado para seu banco de dados não crescer em ritmo acelerado, pois em um ambiente de produção teremos muitos itens sendo coletados. Portanto, em vez de manter dados históricos por muito tempo, é recomendável que se use o campo **Período de retenção das estatísticas**, onde o Zabbix mantém valores médios das coletas, reduzindo os dados históricos. Esses dados estatísticos não podem ser utilizados por itens dos tipos: caractere, *log* e texto.

Outra explicação que não pode passar despercebida é sobre o campo **Chave**. Caso você não encontre uma chave que o Zabbix tem por padrão, podemos criar uma chave para atender à demanda desejada, que pode ser customizada com o uso de **UserParameter**, que será descrito em capítulo posterior.

Após o item ser cadastrado, se formos visualizar os itens do *host* **Meu primeiro host**, notaremos que o *host* tem agora três itens. Vejamos a figura a seguir:

O item **Tráfego de entrada na interface enp0s3** foi herdado do **Template Livro**, e este item fica com o link de identificação ao qual o *template* pertence. Caso não tenha link ao lado do nome do item, significa que o item está criado apenas para o *host*.

Podemos também observar na coluna **Triggers** que o item relacionado ao *template* não tem *trigger* cadastrada, pois a coluna está sem valor.

8.5.1. Pré-processamento de item

Você pode ter observado que utilizamos a aba pré-processamento para fazer alguns ajustes no item. Na primeira edição do livro o Zabbix não tinha esse recurso. Isso foi ganhando um suporte mais avançado à medida que novas versões do Zabbix foram lançadas. Um dos recursos que está presente na versão 5 é o pré-processamento utilizando JavaScript. Vamos agora fazer um exemplo de item que irá verificar o estado operacional da nossa interface de rede, que no meu caso está sendo a **enp0s3**.

Crie um novo item com as seguintes informações na aba **Item**:

> - **Descrição** – Estado operacional da interface enp0s3
> - **Tipo** – Agente Zabbix
> - **Chave** – vfs.file.contents["/sys/class/net/enp0s3/operstate"]
> - **Tipo de informação** – Numérico (inteiro sem sinal)
> - **Unidades** – bps
> - **Intervalo atualização (em seg)** – 1m
> - **Aplicações** – Selecionar Rede

Não incluiremos mais nenhuma informação por enquanto. Clique em 'Adicionar' para gravar os dados inseridos.

Fizemos isso para exibir um erro de coleta e exibir essa informação em duas telas do Zabbix: em dados recentes e na listagem dos itens do nosso *host* **Meu primeiro host**. Observe as figuras a seguir:

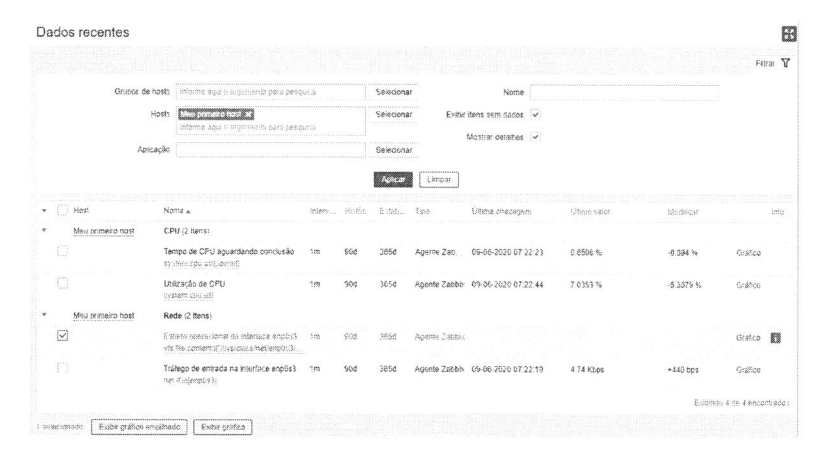

Na tela de **Dados recentes** eu selecionei o item que acabamos de criar para destacar que o item não foi coletado, pois ocorreu um erro. Ao clicarmos no ícone de informação, obteremos mais detalhes sobre o erro. Observe também que o erro na coleta do item faz com que o item fique marcado como não suportado, com o seu nome em cor diferenciada de um item com coleta normal. Para exibir essas informações, marque as opções no filtro conforme mostrado na figura anterior.

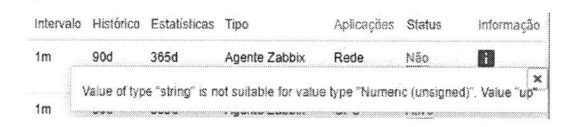

Intervalo	Histórico	Estatísticas	Tipo	Aplicações	Status	Informação
1m	90d	365d	Agente Zabbix	Rede	Não	ⓘ

Value of type "string" is not suitable for value type "Numeric (unsigned)". Value "up"

1m

Na tela do cadastro do *host*, listamos os itens desse *host* e também obtemos a informação do erro. Observe que agora eu cliquei no ícone de erro para obter mais detalhes. Lembra que cadastramos o item com o tipo de dados Numérico (inteiro sem sinal)? Pois bem. Nosso item faz uma leitura do conteúdo de um arquivo (**chave vfs.file.contents**). Só que o Zabbix já nos informou o motivo pelo qual não conseguiu gravar a informação no banco de dados, fazendo com que nosso item se tornasse não suportado e com o erro na coleta sendo informado na interface. Isso acontece geralmente para termos informações suficientes para arrumar um erro no cadastro do item, facilitando o *troubleshooting*. O erro informado mostra que o Zabbix coletou o valor *up* e esse tipo de informação não é um número. Observe a leitura do arquivo utilizado no nosso item:

```
# cat /sys/class/net/enp0s3/operstate
up
```

Esse arquivo em sistemas Linux armazena a informação do estado operacional da interface de rede presente no sistema, que no meu caso é a **enp0s3**. Podemos ajustar o cadastro do nosso item de duas maneiras: alterando o tipo de dados para caractere ou criando um pré-processamento para substituir valores.

A primeira é mais simples, porém você terá um custo operacional maior, já que terá que gravar dados em caractere no banco de dados, sem contar que você não terá dados históricos nem conseguirá ter a leitura dessa informação em forma de gráficos.

Já a segunda é mais complexa e exige conhecimento de JavaScript. A vantagem nesse caso é que você consegue ler o valor recebido pela coleta, faz a mudança para um valor numérico e armazena esse tipo de informação no banco de dados do Zabbix, tendo acesso a dados históricos e também à leitura dos dados através de gráficos.

Para o nosso exemplo, utilizaremos o pré-processamento por JavaScript. Voltemos então ao cadastro do nosso item para incluir o pré-processamento. Escolha a opção **Custom scripts > JavaScript** no *combobox* **Nome** e adicione o código a seguir no campo **Parâmetros**:

```
var newvalue;
switch(value) {
  case "up":
    newvalue = 1;
    break;
  case "down":
    newvalue = 2;
    break;
  case "testing":
    newvalue = 4;
    break;
  case "unknown":
    newvalue = 5;
    break;
  case "dormant":
    newvalue = 6;
    break;
  case "notPresent":
    newvalue = 7;
    break;
  default:
    newvalue = "Problem parsing interface operstate in JS";
}
return newvalue;
```

Na tela principal do cadastro do item, selecione **IF-MIB::ifOperStatus** no campo **Mostrar valor**. Isso fará com que o Zabbix exiba o texto que representa os números gravados na base de dados. Exemplo: coletou **up**, pré-processou **1** para gravar na base de dados e, através do mapeamento de valor, informa **up** para exibir em dados recentes. Grave as mudanças no cadastro do item e observe em **Dados recentes** a coleta.

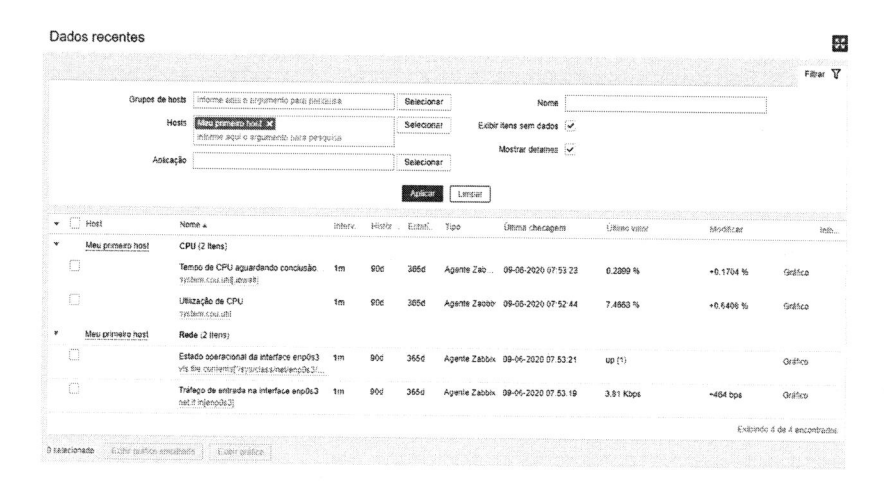

Agora está tudo certo com a coleta do item. Vale ressaltar que existe um prazo mínimo para o Zabbix processar novamente a coleta de itens não suportados. Esse prazo, por padrão, é de 10 minutos. Para alterar esse tempo, basta ir no menu **Administração > Geral**, opção **Outros parâmetros de configuração**, campo **Atualizar itens não suportados**.

Como vimos nesse tópico, a utilização do pré-processamento de item é um ótimo recurso para ser usado e podemos comprovar as vantagens que teremos quando decidirmos usar esse recurso. Há diversos recursos de pré-processamento de item a serem explorados. Para mais detalhes, sugiro a leitura da documentação oficial: <https://www.zabbix.com/documentation/current/manual/config/items/preprocessing>. No tópico 22.1.1 eu demonstrarei o uso de alguns itens com pré-processamento.

Vamos agora praticar mais uma vez o processo de clonagem de item que vimos no tópico 7.5. Para isso, clonaremos os dois últimos itens que criamos anteriormente para a interface **enps03**. Isso é necessário para que possamos monitorar uma outra placa de rede que não seja a principal do sistema, que no meu caso é a interface **enp0s3**. Não faria sentido eu demonstrar uma simulação de *trigger* usando essa interface por motivos óbvios: eu perderia o acesso ao monitoramento desativando essa interface. Para evitar isso, eu incluí uma nova interface no meu sistema e ele a identificou como **enp0s8**, conforme mostra a saída do comando a seguir:

```
# ip -c a
1: lo: <LOOPBACK,UP,LOWER_UP> mtu 65536 qdisc noqueue state UNKNOWN group default qlen 1000
    link/loopback 00:00:00:00:00:00 brd 00:00:00:00:00:00
```

```
    inet 127.0.0.1/8 scope host lo
       valid_lft forever preferred_lft forever
    inet6 ::1/128 scope host
       valid_lft forever preferred_lft forever
2: enp0s3: <BROADCAST,MULTICAST,UP,LOWER_UP> mtu 1500 qdisc fq_
codel state UP group default qlen 1000
    link/ether 08:00:27:ae:9e:f6 brd ff:ff:ff:ff:ff:ff
    inet 192.168.1.64/24 brd 192.168.1.255 scope global dynamic
noprefixroute enp0s3
       valid_lft 3174sec preferred_lft 3174sec
    inet6 fe80::a00:27ff:feae:9ef6/64 scope link noprefixroute
       valid_lft forever preferred_lft forever
3: enp0s8: <BROADCAST,MULTICAST,UP,LOWER_UP> mtu 1500 qdisc fq_
codel state UP group default qlen 1000
    link/ether 08:00:27:10:29:f3 brd ff:ff:ff:ff:ff:ff
    inet 192.168.1.2/24 brd 192.168.1.255 scope global dynamic
noprefixroute enp0s8
       valid_lft 3179sec preferred_lft 3179sec
    inet6 fe80::eeb0:e008:55e5:ded5/64 scope link noprefixroute
       valid_lft forever preferred_lft forever
```

Observe a última interface exibida na saída do comando. Ambas as interfaces estão com **state UP**.

A figura a seguir mostra a interface **enp0s8** já entregando informações para o Zabbix.

	Meu primeiro host	Rede (4 itens)			
		Estado operacional da interface enp0s3	21-06-2020 11:03:21	up (1)	
		Estado operacional da interface enp0s8	21-06-2020 11:03:24	up (1)	
		Tráfego de entrada na interface enp0s3	21-06-2020 11:03:19	2.82 Kbps	+1.66 Kbps
		Tráfego de entrada na interface enp0s8	21-06-2020 11:03:26	68 bps	-64 bps

Uma observação importante: estamos fazendo alguns exemplos básicos de cadastro de itens. Em um cenário de produção, raramente criaremos itens básicos vistos até aqui. Recomendo sempre se basear nos *templates* de exemplo do Zabbix para utilização de coleta em sistemas operacionais, dispositivos de rede etc. Esses *templates* já são consolidados com muitos itens, *triggers* e regras de descobertas para utilização e aproveitamento dos *templates*. Logicamente, recomendo que você sempre faça um pente fino, selecionando e retirando itens que não são necessários para o seu ambiente, além de ajustar os intervalos de coleta e retenção de dados.

Para efeito de exemplo da observação feita, eu utilizei o código em JavaScript presente no próprio *template* **Template Module Linux network interfaces by Zabbix agent** para fazer esse nosso último item, que será utilizado no próximo tópico.

8.6. *Triggers*

Assim como o cadastro de um item depende de um *host* ou de um *template* criado, ao cadastrarmos uma *trigger* também temos a dependência dessa relação. Vimos no tópico 5.3 que a *trigger* possui uma expressão lógica que analisa os dados coletados de determinado item. Portanto, sem um item, uma *trigger* nunca irá existir. Não é possível cadastrarmos uma *trigger* sem um item estar relacionado em sua expressão.

O cadastro de *trigger* não tem muito mistério, e nós já vimos no Capítulo 7. Vamos analisar algumas opções da tela de cadastro de item:

- **Dados operacionais:** usado para exibir informações na tela de problema, quando precisamos mostrar mais detalhes do alarme. Podemos usar macros para exibir dados dinâmicos, como por exemplo: Valor atual – {ITEM.LASTEVALUE}. Dessa forma, quando o alarme for ativado, será exibido o valor que atingiu a condição da *trigger*. Por padrão, o Zabbix já mostra essa informação caso esse campo esteja vazio no cadastro da *trigger*.
- **Severidade:** utilizada para marcação visual, definição de limites em ações etc. São classificadas em seis categorias:
  - **Não classificada:** gravidade desconhecida (cor cinza)
  - **Informação:** para fins informativos (cor azul claro)
  - **Atenção:** esteja avisado (cor amarelo)
  - **Média:** problema médio (cor laranja)
  - **Alta:** algo importante aconteceu (cor vermelho claro)
  - **Desastre:** perdas financeiras (cor vermelho)
- **Expressão:** a expressão lógica que irá testar as condições impostas.
- **Geração de eventos OK:** aqui você pode especificar se os eventos serão gerados com base na mesma expressão de eventos de problema, se você irá informar uma expressão de recuperação ou se você não pretende que a *trigger* retorne ao estado de OK automaticamente (nesse caso você deve permitir o fechamento manual da *trigger*).
- **Modo de geração de eventos de INCIDENTE:** se simples, gera um único evento para o problema. Se múltiplo, vai gerar vários problemas, um para cada vez que a condição da *trigger* for atingida conforme os dados forem atualizados.

> **Permitir fechamento manual:** permite fechamento manual de eventos de problema ao reconhecer esse evento.
> **URL:** cria um link para a URL em menus *popups* em alguns locais do *frontend* do Zabbix, como, por exemplo, ao clicar no nome da *trigger* na tela de incidentes.
> **Descrição:** exibe um ícone de interrogação ao lado do nome da *trigger* em vários locais do *frontend* do Zabbix. Ideal para explicações sobre o incidente. Ex.: você pode especificar aqui a descrição de um procedimento para resolver o problema e apontar um link para um KB (base de conhecimento).

Na segunda tela (ou aba) de cadastro inserimos etiquetas (*tags*) para identificar uma *trigger*. Ideal para usar em filtros de busca, ações em alertas etc. Veremos no nosso exemplo desse tópico como isso se aplica.

Já na terceira e última tela do cadastro da *trigger*, inserimos dependências para nossa *trigger*. Ideal para não exibirmos alertas dependentes. Ex.: você está monitorando um *switch* onde se encontram vários *hosts* conectados que também estão sendo monitorados. Se o *switch* ficar indisponível, todos os *hosts* conectados ficarão e você terá alertas de todos os *hosts*, inclusive do *switch*. Ao criarmos uma dependência, podemos suprimir os alertas dos *hosts*, pois eles dependem do *switch* neste caso.

Iremos agora cadastrar duas *triggers* para os itens que criamos no tópico anterior, sendo que uma delas será dependente da outra. Primeiro criaremos a seguinte *trigger*:

> **Nome** – Tráfego de entrada abaixo do limite configurado na interface enp0s8
> **Expressão** – {Template Livro:net.if.in[enp0s8].last()}<1024
> **Risco** – Informação

Observe que essa expressão não é a ideal para utilizarmos em um ambiente de produção. O intuito aqui é apenas forçar uma simulação para simplificar o entendimento aqui explicado.

Após incluir a *trigger* e o Zabbix processar sua expressão, provavelmente o alarme já será apresentado nos menus **Monitoramento > Visão geral**, **Monitoramento > Incidentes** e até mesmo no *dashboard* principal do Zabbix. Observe a figura a seguir extraída da tela **Visão geral**:

Triggers	Meu primeiro host
Tráfego de entrada abaixo do limite configurado enp0s8	
Utilização de CPU está muito alta	

Nesta tela eu filtrei por 'Qualquer' na opção 'Mostrar', para que todas as *triggers* do nosso *host* fossem exibidas.

Na tela de **Incidentes** eu deixei marcado 'Indicentes recentes' na opção 'Mostrar', conforme pode ser visto na figura a seguir:

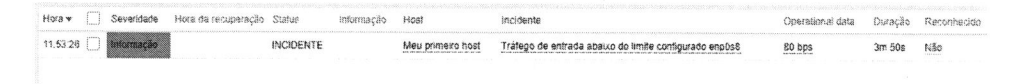

Hora ▼	Severidade	Hora da recuperação	Status	Informação	Host	Incidente	Operational data	Duração	Reconhecido
11:53:26	Informação		INCIDENTE		Meu primeiro host	Tráfego de entrada abaixo do limite configurado enp0s8	80 bps	3m 50s	Não

Ok. Agora vamos criar uma *trigger* para verificar o estado operacional da mesma interface. Crie a *trigger* com os seguintes dados:

> **Nome** – Link *down* detectado na interface enp0s8
> **Expressão** – {Template Livro:vfs.file.contents["/sys/class/net/enp0s8/operstate"].last()}=2
> **Risco** – Alto

Para simularmos o alarme para essa *trigger*, precisamos mudar o estado operacional da interface enp0s8. Para isso, execute o seguinte comando:

```
# ip link set dev enp0s8 down
```

Observe que o Zabbix irá identificar essa mudança e ativará o alarme da *trigger*. Observe as duas figuras a seguir:

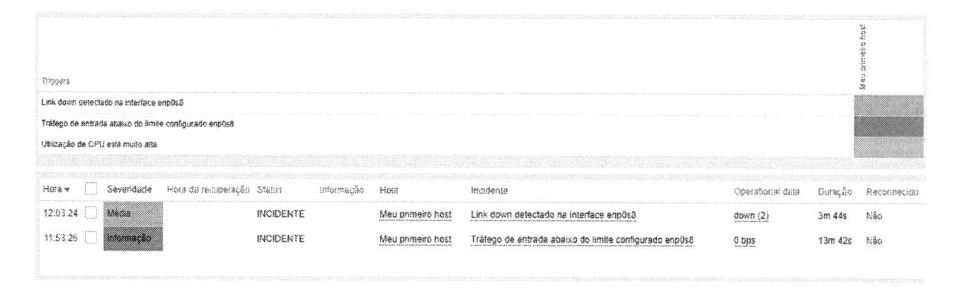

Triggers
Link down detectado na interface enp0s8
Tráfego de entrada abaixo do limite configurado enp0s8
Utilização de CPU está muito alta

Hora ▼	Severidade	Hora da recuperação	Status	Informação	Host	Incidente	Operational data	Duração	Reconhecido
12:03:24	Média		INCIDENTE		Meu primeiro host	Link down detectado na interface enp0s8	down (2)	3m 44s	Não
11:53:26	Informação		INCIDENTE		Meu primeiro host	Tráfego de entrada abaixo do limite configurado enp0s8	0 bps	13m 42s	Não

Observe que agora temos os dois alarmes ativados das duas *triggers* que acabamos de criar. Vamos agora aprender sobre dependência de *trigger*. Se você reparou bem, podemos 'ocultar' o alerta do tráfego na interface enps0s8. Isso porque ele sempre entregará um valor zerado para o Zabbix, justamente porque derrubamos o link da interface. Portanto, podemos criar uma dependência de *trigger* e somente será exibido o alerta da *trigger* principal, que no nosso caso é a *trigger* de estado operacional.

Vamos criar essa dependência editando a *trigger* **Tráfego de entrada abaixo do limite configurado enp0s8**. Clique na aba 'Dependências', depois em 'Adicionar' e selecione a *trigger* **Link down detectado na interface enp0s8**. Verifique se sua tela ficou conforme a figura a seguir:

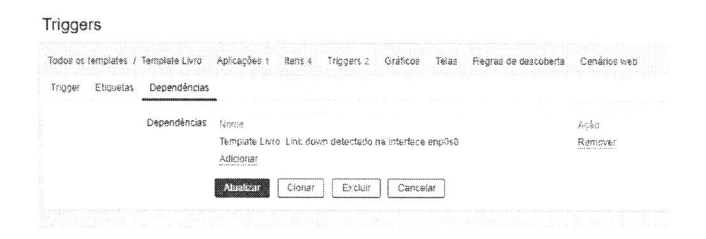

Clique no botão 'Atualizar'. Observe que a *trigger* **Tráfego de entrada abaixo do limite configurado enp0s8** não terá mais seu *status* em exibição, pois depende que a *trigger* **Link down detectado na interface enp0s8** esteja com *status* normal (OK). Vejamos a figura a seguir:

Quando tivermos *triggers* que possuem dependência de outras, visualizaremos uma seta voltada para cima junto ao *status* da *trigger*. No Zabbix 5 acontece uma coisa interessante nessa tela. Ele marca a *trigger* **Tráfego de entrada abaixo do limite configurado enp0s8** como se estivesse resolvida. Ou seja, com status OK, painel verde. Observe que o painel de exibição dessa *trigger* também tem uma seta voltada para baixo. Isso significa que ela depende de outra *trigger*.

Agora vejamos na tela de **Incidentes**, conforme a figura a seguir:

Repare que, na tela de **Incidente**, nossa *trigger* ainda está com status **INCIDENTE**, porque realmente ela está com problema. A dependência de *triggers* é um ótimo recurso de ser implementado justamente para evitar o envio de notificações desnecessárias e o 'lixo' de informações das telas do Zabbix, evitando também o trabalho desnecessário pela equipe de operações, que terá menos eventos de incidentes para tratar, pois seriam trabalhos jogados fora, já que é um alerta dependente.

Vamos voltar o status *up* para nossa interface enp0s8 para resolver nossa *trigger*. Execute o seguinte comando:

```
# ip link set dev enp0s8 up
```

Observe na figura a seguir que o incidente foi resolvido. Porém, a *trigger* dependente continua com status **INCIDENTE**.

Hora ▼		Severidade	Hora da recuperação	Status	Informação	Host	Incidente	Duração	Reconhecido
12:03:24	☐	Média	12:39:24	RESOLVIDO		Meu primeiro host	Link down detectado na interface enp0s8	36m	Não
11:53:26	☐	Informação		INCIDENTE		Meu primeiro host	Tráfego de entrada abaixo do limite configurado enp0s8	48m 6s	Não

Se você voltar para a tela **Visão geral**, irá verificar que a *trigger* **Tráfego de entrada abaixo do limite configurado enp0s8** voltou à cor original de identificação do seu incidente, ou seja, azul. Para mais detalhes sobre a tela visão geral, sugiro a leitura de sua documentação, disponível em <https://www.zabbix.com/documentation/current/manual/web_interface/frontend_sections/monitoring/overview>.

Aqui nós aprendemos a criar dependências entre as *triggers*. O exemplo que fizemos foi apenas para demonstrar como funciona na prática a utilização das dependências de *triggers*.

> **Obs.:** os comandos utilizados nas configurações de *triggers* e itens são praticamente os mesmos utilizados nas configurações de *host* e *template*, com exceção do comando 'Copiar selecionados para ...', onde temos a possibilidade de copiarmos os itens e as *triggers* para outros *hosts* ou *templates*.

8.7. Copiando configurações entre *hosts* e *templates*

No início do capítulo eu comentei que um *template* serve de modelo para ser usado em *hosts* que possuem os mesmos padrões. Isso é a parte de gerenciamento do Zabbix que você precisa deixar ajustada para evitar o retrabalho e a duplicação de elementos.

Se você reparou nos tópicos anteriores, deve ter observado que criamos itens e *triggers* para o nosso *template* **Template Livro**. Lembre-se de que esse *template* está associado ao *host* **Meu primeiro host**, que também criamos anteriormente. Esse *host* foi criado com dois itens e uma *trigger* sem o uso de *templates*. Isso foi proposital. Logo em seguida criamos o *template* e associamos a ele. Se quisermos adicionar um novo *host* e associar o *template* criado, com quantos itens e *triggers* esse *host* ficaria? A resposta é a quantidade de itens e *triggers* cadastradas no *template*. E se quiséssemos incluir os itens e as *triggers* do nosso *host* para ficar como itens e *triggers* do *template* criado? Seria o caso ideal para se tornar padrão para novos *hosts* adicionados que tiverem os mesmos padrões.

Para fazermos esse processo no Zabbix, usamos o recurso de copiar, presente em algumas telas de configuração do Zabbix. A que veremos está na tela de cadastro de itens e *triggers* do nosso *host*. Para copiarmos itens e *triggers* do *host* para o *template*, selecionamos os objetos e clicamos no botão **Copiar**. Selecione os seguintes itens:

- ➢ Tempo de CPU aguardando conclusão de operações de E/S
- ➢ Utilização de CPU

Em seguida, clique em **Copiar** e selecione as opções conforme a figura a seguir.

Ao clicar em **Copiar** nessa tela, os itens serão atrelados ao *template* e o *host* estará herdando essas configurações.

Aqui cabe uma observação: a operação inversa não é possível, pois será entendida como uma duplicação dos dados do item para o *host* na base de dados do Zabbix. A seguinte mensagem de erro é exibida ao tentar executar essa operação não permitida:

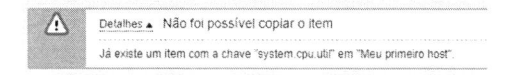

Faça o mesmo processo com a *trigger* **Utilização de CPU está muito alta**.

Exclua a aplicação CPU do *host* **Meu primeiro host**. Crie a mesma aplicação no *template* **Template livro** e exercite a atualização em massa, que aprendemos no tópico 8.2.3, aplicando para os dois itens de CPU que temos cadastrados no *template*.

8.8. Gráficos

A utilização de gráficos no Zabbix auxilia administradores no planejamento da capacidade e no dimensionamento de recursos computacionais.

Devemos adotar alguns critérios na criação dos gráficos para que os dados coletados possam ser visualizados da melhor forma possível. Esses dados têm o propósito de ajudar na análise, e não complicar a vida do profissional que estiver usando esse recurso da ferramenta.

Vejamos os tipos de gráficos disponíveis no Zabbix.

8.8.1. Normal

Usado para a maioria dos casos. Neste tipo de gráfico, as informações ficam uma na frente da outra, com todos os itens partindo da base. Exemplo: utilização de rede. Também é possível selecionar o estilo, tais como: linha, região preenchida, linha grossa, pontilhado, linha tracejada e área gradiente.

Vamos criar um gráfico com o item de tráfego de rede que criamos anteriormente. Na tela de configurações de *templates*, clique no link 'Gráficos' do *template* **Template Livro**. Clique no botão 'Criar gráfico' e informe os seguintes dados:

- ➢ **Nome** – Tráfego de entrada na interface enp0s3
- ➢ **Tipo do gráfico** – Normal
- ➢ **Itens** – Selecione o item **Tráfego** de entrada na interface enp0s3

Ainda nesta tela, podemos selecionar ou desmarcar algumas opções, tais como: mostrar legenda, *triggers*, deixar um valor mínimo e máximo dos eixos X e Y, entre outras opções.

Para visualizarmos o gráfico criado, acessamos o menu **Monitoramento > Hosts** e clicamos em **Gráficos** na linha referente ao *host* **Meu primeiro host**. Na versão 5 do Zabbix esse recurso de visualização dos gráficos mudou. Em vez de selecionarmos um gráfico de um determinado *host* clicando em *comboboxes*, todos os gráficos do *host* serão exibidos na mesma tela. Opções de filtro são permitidas para selecionar os gráficos, inclusive usando coringas (*).

O gráfico que acabamos de criar será apresentado conforme a seguinte figura:

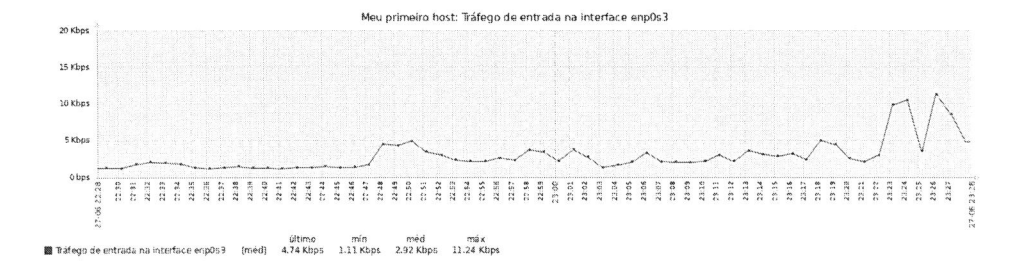

[Gráfico: Meu primeiro host: Tráfego de entrada na interface enp0s3]

8.8.2. Pilha (*Stacked*)

Este tipo de gráfico é usado, por exemplo, para exibir monitoramento de CPU e memória, devido à quantidade de informação apresentada. Neste tipo de gráfico, as informações ficam uma em cima da outra, o segundo item começa onde termina o primeiro e assim sucessivamente. Vejamos um exemplo de gráfico de CPU do *host* **Zabbix server** na figura a seguir:

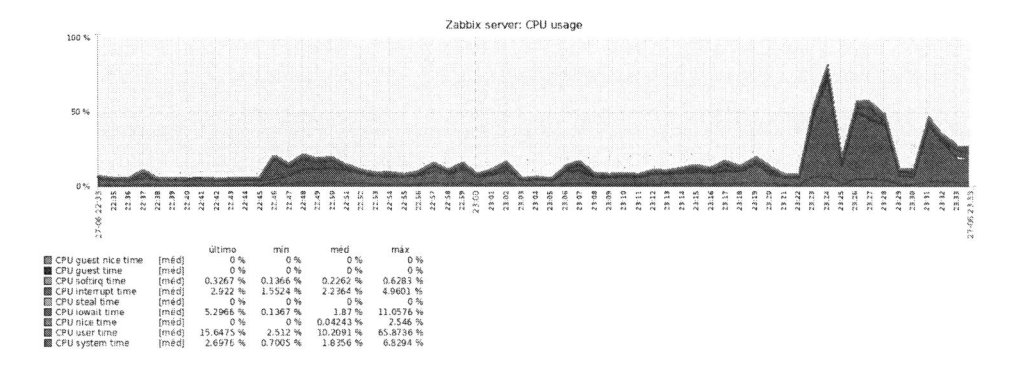

[Gráfico: Zabbix server: CPU usage]

8.8.3. Torta (*Pie*)

Usamos este tipo de gráfico quando o objetivo é exibir o último valor do item coletado, ou seja, quando utilizamos a função *last* da *trigger*.

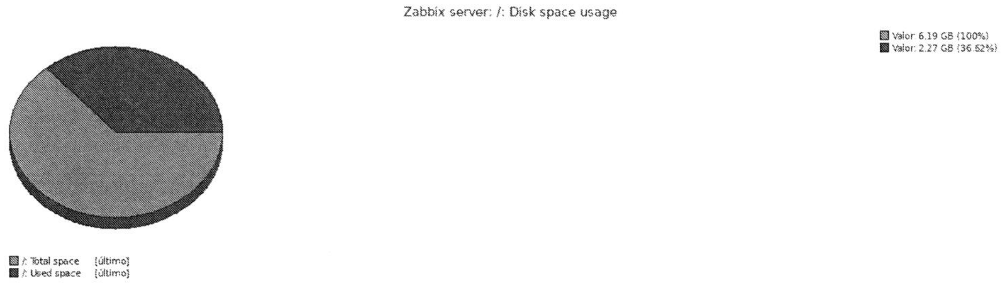

[Gráfico: Zabbix server: /: Disk space usage]

8.8.4. Explodido (*Exploded*)

Utilizado com as mesmas características do gráfico do tipo torta, com a diferença de apresentar os pedaços da torta separadamente.

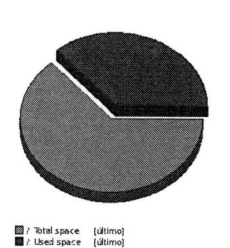

Algumas dicas que devemos seguir na criação de gráficos:

> - Evitar usar o estilo área gradiente, pois tem um consumo alto de memória devido aos objetos gráficos que são desenhados.
> - Sempre utilizar a função *last* nos gráficos do tipo torta e explodido.
> - Nos gráficos relacionados a porcentagem, os valores min/max do eixo Y devem ser fixos de 0 a 100.
> - Nos gráficos relacionados a itens de CPU, os valores min/max do eixo Y devem ser fixos de 0 a 100.

8.9. Descoberta (LLD)

Outro detalhe muito importante que temos para gerenciar nossos *hosts* e *templates* é a utilização do mecanismo de regras de descoberta, conhecido como **Low-Level Discovery**. Esse mecanismo faz a descoberta de entidades automaticamente para o nosso monitoramento através de protótipos que nós podemos definir para itens, *triggers* e gráficos. O Zabbix pode iniciar automaticamente o monitoramento de sistemas de arquivos, interfaces de rede, entre outros, sem a necessidade de criar itens manuais para cada um desses objetos.

Vejamos o exemplo a seguir:

Imagine um *switch* com 24 portas Ethernet. Para cada porta você pretende monitorar os seguintes recursos:

> - Status da porta
> - Tráfego de entrada

- Tráfego de saída
- Velocidade de conexão
- Erros

Observe que temos cinco itens para monitorar em uma única porta do *switch*. Multiplicando por 24, teremos um total de 120 itens para monitorar nesse *switch*. Portanto, seguindo as boas práticas de utilização de *template*, você poderia criar, inicialmente, os cinco itens e depois clonar o restante dos itens (editando o nome da interface) para ter os 120 itens. É um trabalho desnecessário. Com a utilização de LLD, você cria apenas os protótipos de itens e o Zabbix se encarregará de descobrir a quantidade de objetos que o equipamento tem. Importante ressaltar que, quando o processo de descoberta for executado novamente e alguma das entidades descobertas anteriormente não estiver presente no resultado da descoberta atual, essa entidade poderá ser excluída automaticamente do monitoramento ou até mesmo ser marcada para exclusão em um período selecionado. Por exemplo: digamos que o *template* que você montou é genérico e poderá ser utilizado em um outro equipamento que possui quantidade de portas diferentes para serem descobertas. Não terá problemas, pois o Zabbix irá cadastrar no seu *host* a quantidade de objetos de acordo com o equipamento consultado. Assim, você estará utilizando o *template* em sua forma correta. Ou seja, não precisará fazer ajustes para *hosts* com quantidade de objetos diferentes.

O Zabbix já tem por padrão algumas regras para descoberta. Os *templates* padrões estão cheios de exemplos para serem explorados. Essas regras estão cadastradas para o *host* **Zabbix Server** e podem ser visualizadas clicando no link 'Descoberta' do referido *host* na tela de configuração de *hosts*. Devido à flexibilidade do Zabbix, você pode personalizar as regras de descoberta para qualquer tipo de parâmetro, utilizando inclusive *scripts* externos para fazer esse trabalho. Exemplos do que podemos usar para descoberta:

- Sistemas de arquivos
- Interfaces de rede
- Banco de dados
- CPU
- SNMP OIDs
- Serviços do Windows

Apresentei quando é necessário usar LLD para monitorar entidades dinâmicas de determinados equipamentos e sistemas. Agora, veremos uma breve explicação de como funciona esse processo de descoberta até um item ser cadastrado no *host* a ser monitorado.

A regra de descoberta pode ser executada em alguns tipos de itens. O mais comum é usar Zabbix Agent e SNMP Agent. Porém, é possível utilizarmos monitoramento externo (execução de *scripts*) e também enviar Zabbix Trapper.

O LLD funciona da seguinte forma:

- ➢ O Zabbix consulta ou recebe informações da coleta do item cadastrado na regra de descoberta.
- ➢ As informações recebidas precisam estar no formato JSON contendo um par de chave e valor com macros que serão utilizadas para a criação de itens, *triggers* e gráficos.
- ➢ Caso deseje filtrar o retorno do JSON recebido, podemos configurar filtros com a macro da chave do JSON e uma expressão regular para casar com o valor da macro.
- ➢ A partir da validação da regra de descoberta, podemos criar protótipos de itens, *triggers* e gráficos com base nas macros filtradas na regra de descoberta.

Para entender esse funcionamento, veremos uma regra de descoberta presente no *host* **Zabbix Server**. A regra é **Network interface discovery**. Observe a figura a seguir:

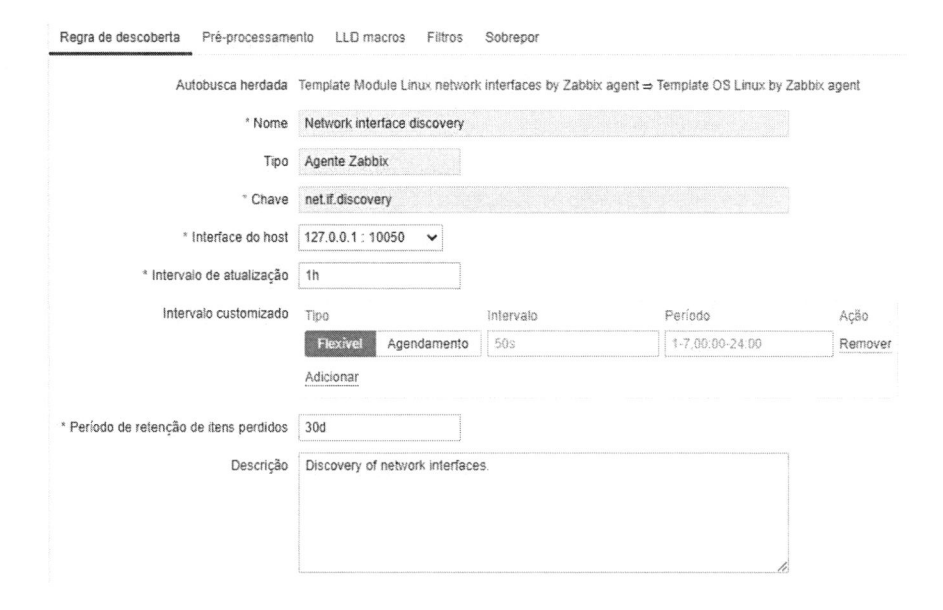

Gerenciamento de *Hosts*

Essa regra irá coletar a chave **net.if.discovery**. Não se preocupe, é um item nativo do Zabbix que retorna as interfaces de rede presentes no seu sistema já no formato JSON para ser utilizado no LLD. É como se executássemos o comando **ifconfig** ou o **ip a**, e a informação retornasse apenas o nome da interface. Como é um item do tipo Zabbix Agent, podemos executar o comando **zabbix_get** para obter seu retorno. Observe a saída do comando **ip a**:

```
# ip a
1: lo: <LOOPBACK,UP,LOWER_UP> mtu 65536 qdisc noqueue state
UNKNOWN group default qlen 1000
    link/loopback 00:00:00:00:00:00 brd 00:00:00:00:00:00
    inet 127.0.0.1/8 scope host lo
       valid_lft forever preferred_lft forever
    inet6 ::1/128 scope host
       valid_lft forever preferred_lft forever
2: enp0s3: <BROADCAST,MULTICAST,UP,LOWER_UP> mtu 1500 qdisc fq_
codel state UP group default qlen 1000
    link/ether 08:00:27:ae:9e:f6 brd ff:ff:ff:ff:ff:ff
    inet 192.168.1.64/24 brd 192.168.1.255 scope global dynamic
noprefixroute enp0s3
       valid_lft 2158sec preferred_lft 2158sec
    inet6 2804:d41:18bf:ef00::110/128 scope global dynamic
noprefixroute
       valid_lft 85503sec preferred_lft 2703sec
    inet6 2804:d41:18bf:ef00:a00:27ff:feae:9ef6/64 scope global
dynamic noprefixroute
       valid_lft 86371sec preferred_lft 3571sec
    inet6 fe80::a00:27ff:feae:9ef6/64 scope link noprefixroute
       valid_lft forever preferred_lft forever
3: enp0s8: <BROADCAST,MULTICAST,UP,LOWER_UP> mtu 1500 qdisc fq_
codel state UP group default qlen 1000
    link/ether 08:00:27:10:29:f3 brd ff:ff:ff:ff:ff:ff
    inet 192.168.1.10/24 brd 192.168.1.255 scope global dynamic
noprefixroute enp0s8
       valid_lft 2614sec preferred_lft 2614sec
    inet6 2804:d41:18bf:ef00:f1a5:22d:46de:fa2b/64 scope global
dynamic noprefixroute
       valid_lft 86371sec preferred_lft 3571sec
    inet6 fe80::eeb0:e008:55e5:ded5/64 scope link noprefixroute
       valid_lft forever preferred_lft forever
```

Destaquei em negrito os nomes das interfaces de rede presentes em meu sistema. Agora vejamos a execução do comando **zabbix_get** e sua saída:

```
# zabbix_get -s 127.0.0.1 -k net.if.discovery | jq
[
  {
    "{#IFNAME}": "enp0s3"
  },
  {
    "{#IFNAME}": "lo"
  },
  {
    "{#IFNAME}": "enp0s8"
  }
]
```

Observe que obtivemos o resultado no formato JSON com um par de chave e valor para cada interface de rede presente em meu sistema.

> **Importante:** eu direcionei a saída do comando para o utilitário jq (um processador JSON) para a saída ficar mais amigável. Para efeito de processamento, o Zabbix não utiliza essa ferramenta.

Esse *template* que estamos analisando faz o uso de alguns filtros. Vejamos:

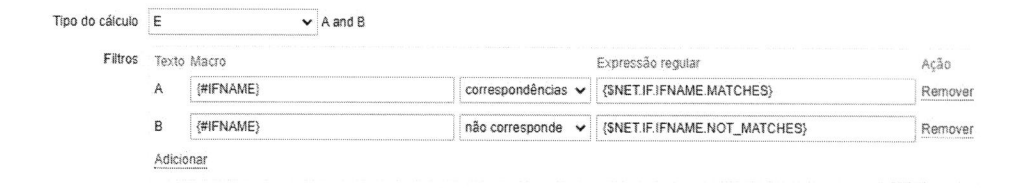

Tipo do cálculo	E		A and B		
Filtros	Texto	Macro		Expressão regular	Ação
	A	{#IFNAME}	correspondências	{$NET.IF.IFNAME.MATCHES}	Remover
	B	{#IFNAME}	não corresponde	{$NET.IF.IFNAME.NOT_MATCHES}	Remover
	Adicionar				

Observe que os dois filtros são baseados na chave **{#IFNAME}** vinda do JSON e que no Zabbix utilizamos como macro de LLD. O filtro 'A' utiliza a expressão regular contida na macro de usuário de um dos *templates* associados ao *host* **Zabbix server**. Nesse caso ele vai filtrar correspondências com o valor dessa macro. Essa macro tem como conteúdo a expressão regular **^.*$**, o que significa que ele vai casar com qualquer caractere, exceto para caracteres terminadores de linha. Então, para efeito do nosso exemplo, ele vai casar com as três interfaces de rede presentes no nosso sistema. Já o filtro 'B' tem em seu conteúdo a seguinte expressão regular: (^Software Loopback Interface|^NULL[0-9.]*$|^[Ll]o[0-9.]*$|^[Ss]ystem$|^Nu[0-9.]*$|^veth[0-9a--z]+$|docker[0-9]+|br-[a-z0-9]{12}). Essa expressão está marcada para **não corresponde**. Isso significa que qualquer conteúdo encontrado no valor da chave {#IFNAME} não será utilizado pelo Zabbix para criar seus protótipos. No nosso exemplo, esse filtro vai eliminar a interface **lo0**. Muitas vezes utilizamos filtro para eliminar alguns registros vindos do JSON, já que o Zabbix não armazena o conteúdo vindo desse tipo de coleta, pois é apenas utilizado para processamento. Isso é interessante quando estamos utilizando regras de descoberta personalizadas.

Se você não tem muita experiência com expressões regulares, sugiro a busca por esse tipo de conteúdo e também o uso do site <https://regex101.com/> para validação de suas regras antes de cadastrá-las no Zabbix.

Para finalizar a explicação da tela de cadastro da descoberta, temos o campo **Período de retenção de itens perdidos**. Nesse campo informaremos o período em que um determinado elemento que não for mais descoberto será marcado para exclusão. Neste exemplo, o item será excluído após 30 dias que não for mais descoberto. Para excluir um elemento não mais descoberto imediatamente, podemos configurar esse campo com o valor 0 (zero).

Vejamos agora o protótipo de item do *template* que estamos estudando:

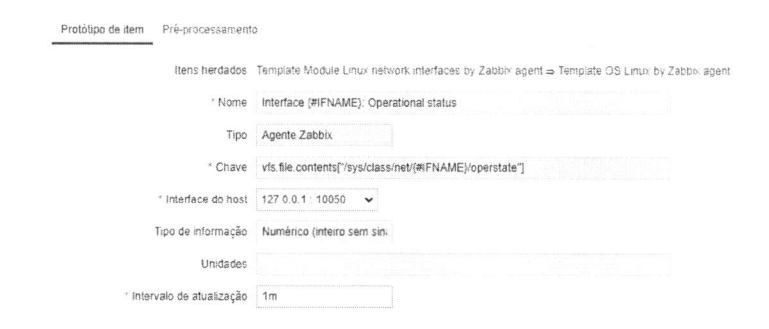

Observe que esse item utiliza em sua chave a macro {#IFNAME} para substituir pelo valor de uma das interfaces encontradas, por exemplo a **enp0s8**.

Finalizamos aqui este tópico. Notou a importância da utilização do LLD? Se voltar algumas páginas atrás, vai observar que não precisaríamos cadastrar manualmente nossos itens relacionados à rede no *template* **Template Livro**. Bastaríamos utilizar essa regra de descoberta que teríamos nossos itens cadastrados automaticamente pelo Zabbix.

8.10. Web

Uma das excelentes ferramentas que o Zabbix possui é o recurso de monitoramento web. Com este recurso, é possível verificarmos se uma determinada URL está disponível obtendo a velocidade de acesso e o tempo de resposta. É o monitoramento ideal para verificar aplicações web em execução, como também o carregamento de um site, seja ele na internet ou na intranet de uma empresa. É possível também configurar passos a serem executados durante o monitoramento, como por exemplo verificar o tempo que o sistema leva para processar um *login*. Com um monitoramento aprimorado desse tipo, você poderá verificar onde está acontecendo lentidão no sistema.

O link **Web** presente na tela de cadastro de *hosts* é usado para configurarmos esse tipo de monitoramento. Essa opção era separada dos *hosts* até a versão 2.2 do Zabbix, o que causava um desorganização na visualização dos cenários configurados. Com a mudança dessa configuração para a parte dos *hosts*, é possível configurar *templates* e reutilizar um mesmo cenário em vários *hosts*. Logicamente, isso faz sentido se você configurar esses cenários utilizando macros, onde será possível ajustar os parâmetros para cada *host*.

Cenários web são as configurações separadas que consistem em requisições HTTP para a URL indicada nos passos de um cenário. As requisições são executadas pelo Zabbix Server ou pelo Zabbix Proxy, caso o *host* for monitorado por *proxy*. Portanto, é possível você cadastrar um *host* no Zabbix apenas para realizar monitoramento de um site. Isso significa que você não precisa configurar uma interface para o monitoramento, como, por exemplo, configurar a interface do Zabbix Agent.

Com o monitoramento web, obtemos as informações separadas por cenário e por cada passo cadastrado em um cenário. As informações obtidas de um cenário agrupam informações de todos os passos. Vejamos:

Informações coletadas em qualquer cenário web:

- Velocidade média de *download* por segundo para todos os passos do cenário
- Número da etapa que falhou
- Última mensagem de erro

Informações coletadas nos passos do cenário:

- Velocidade de *download* por segundo
- Tempo de resposta
- Código de resposta

Como pudemos observar, são geradas algumas métricas nesse monitoramento. São itens gerados automaticamente no Zabbix. Esses itens não são listados no cadastro do *host*. Porém, são exibidos em **Dados recentes**. Podemos inclusive criar *triggers* para cada um desses itens. Mais detalhes sobre esses itens que são gerados automaticamente no monitoramento web podem ser encontrados acessando sua documentação em <https://www.zabbix.com/documentation/current/manual/web_monitoring/items>.

No Capítulo 13, veremos exemplos de uso de monitoramento web.

8.11. Informações sobre o *host*

Para finzalizar este capítulo, veremos a parte onde obtemos informações sobre cada *host* listado na tela de *hosts*. Observe a figura a seguir:

Interface	Proxy	Templates	Status	Disponibilidade	Criptografia do agente	Informação	Etiquetas
127.0.0.1: 10050		Template Livro	Ativo	ZBX SNMP JMX IPMI NENHUM			

A primeira coluna, da esquerda para a direita, exibe informações das interfaces de comunicação cadastradas no *host*. Neste nosso exemplo, temos informações do *host* **Meu primeiro host**, que estamos usando de exemplo e foi cadastrado anteriormente. Observe que a interface cadastrada possui o IP e a porta de comunicação. Neste exemplo está exibindo o IP *loopback* do meu *host* e a porta 10050, que é a porta padrão de comunicação do Zabbix Agent.

A segunda coluna dessa figura exibe o nome do *proxy* em que este *host* está sendo monitorado. Como esta informação está vazia, significa que o *host* está sendo monitorado pelo próprio Zabbix Server.

A terceira coluna exibe os *templates* associados ao *host*. Na figura está exibindo o *template* que criamos anteriormente e associamos ao nosso *host*.

A quarta coluna exibe o status do *host*. É possível ativar/desativar o *host* clicando neste link. Caso um *host* esteja em período de manutenção, será exibida uma chave inglesa na cor amarela.

A quinta coluna exibe um painel com a disponibilidade dos agentes passivos de cada monitoramento. Esse painel pode exibir três cores diferentes: verde significa que está tudo ok com a comunicação da interface do *host*. Vermelho sigfinica que a comunicação está com erro(s). Cinza significa que o status é desconhecido ou porque a interface não tem configuração, como é o caso do nosso exemplo.

A sexta coluna exibe informações de criptografia utilizada na comunicação entre o *host* (usando Zabbix Agent) e o Zabbix Server ou Zabbix Proxy. Veremos exemplo do uso de criptografia no tópico 18.2.

A sétima coluna exibe informações de erro sobre o *host*, se houver.

A oitava e última coluna exibe as etiquetas cadastradas para o *host*.

> **CONCLUSÃO**
>
> Finalizamos aqui o capítulo que trata da parte de gerenciamento de *hosts*. Vimos em datalhes tudo que faz parte do gerenciamento de *hosts*, desde a criação de um grupo de *hosts*, mostrando a importância de utilizarmos *templates* para melhor organização e aproveitamento de configurações em *hosts* com as mesmas características. Estudamos também detalhes importantes das configurações de *hosts*, itens, *triggers* e gráficos, além de termos visto na prática a construção desses elementos.

9. Gerenciamento de Usuários e Permissões

O Zabbix possui um sistema de controle de acesso ao sistema que permite uma distribuição de ações que um usuário ou um grupo pode ou não ter. Por exemplo: podemos separar os usuários que são administradores do Zabbix, operadores de rede, gerente de redes etc. O controle de permissão no Zabbix funciona exclusivamente com base em grupos de usuários. Portanto, cada grupo de usuário terá delegações e atribuições diferentes, o que tornará o ambiente do sistema mais seguro, pois as informações do sistema serão direcionadas de acordo com o nível de acesso atribuído a todos os usuários participantes do grupo.

Aprenderemos neste capítulo como cadastrar grupos e usuários e verificar como a interface web fica apresentada para diferentes tipos de usuários.

Por padrão, o Zabbix vem com dois usuários cadastrados: **Admin** e **guest**. O usuário **Admin** é o que estamos usando desde o início e não alteraremos nada dessa conta. Já o **guest** é um usuário para ser usado para apresentar a interface web do Zabbix a usuários que não possuem cadastro. Esse usuário pode ser utilizado em modo quiosque para apresentar determinado *dashboard* em tela cheia. Há quem prefira excluir esse usuário ou mesmo incluí-lo no grupo de usuários chamado **Disabled**, um grupo que pode ser usado para incluir contas de usuários que são desabilitadas temporariamente. Por exemplo: você pode incluir usuários do Zabbix que estão em período de férias no grupo **Disabled** e retirá-los quando voltarem ao trabalho.

Além do grupo **Disabled**, temos alguns outros grupos já cadastrados por padrão no Zabbix com funções específicas:

- **Zabbix administrators** – Grupo de usuários com perfil de administrador do Zabbix.
- **Guests** – Grupo de usuários com perfil de visitante.

- **No access to the frontend** – Grupo de usuários que não terão acesso ao *frontend* do Zabbix. Por exemplo: você pode criar usuários que irão acessar a API do Zabbix, mas o uso da interface web não será permitido.
- **Enabled debug mode** – Grupo de usuários que terão acesso ao modo *debug* da interface web do Zabbix. Quando um usuário faz parte desse grupo, um botão no canto direito da tela é exibido com a descrição 'Depuração'. Com essa opção ativada, o usuário tem acesso às chamadas que os objetos da interface web faz à API interna do Zabbix, mostrando detalhes também de *queries* executadas, métodos da API executados, entre outros.

Agora que conhecemos os detalhes de grupos de usuários do Zabbix, vamos cadastrar um novo grupo. Para isso, acesse o menu **Administração > Grupo de Usuários**. Para cadastrarmos um novo grupo, clique no botão 'Criar grupo de usuários'.

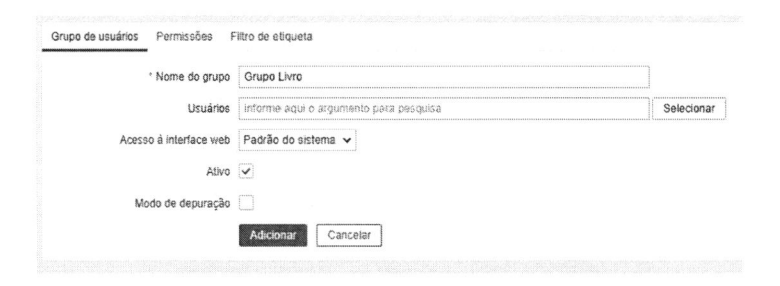

Na tela de cadastro informe apenas o nome do novo grupo, como **Grupo Livro**. Ainda na tela de cadastro, vamos configurar as permissões que este grupo terá. Clique na aba 'Permissões'. Neste exemplo iremos configurar a permissão de leitura para o grupo **Monitoramento Livro**. Para isso, clique no botão 'Selecionar' para escolher o grupo descrito ou digite o termo 'livro' no campo para pesquisa e selecione o grupo 'Monitoramento Livro'. Clique no link 'Adicionar' para incluir esse grupo de *hosts*. Deverá ficar conforme exibido na figura a seguir:

Podemos agora clicar no botão 'Adicionar' para incluir nosso grupo de usuários.

Observe ainda na figura que temos outras opções de permissões para os grupos de *hosts*. Portanto, no momento em que você estiver incluindo um grupo de *hosts*, você pode selecionar qual tipo de permissão o grupo de usuários terá sobre o grupo de *hosts* selecionado. Essas permissões também poderão ser alteradas no campo 'Permissões', onde os grupos de *hosts* estarão listados. Ao incluir um grupo de *hosts*, é possível aplicar a mesma permissão aos seus subgrupos. Imagine o seguinte exemplo: temos o grupo **Monitoramento Livro** com três subgrupos (Monitoramento Livro/Linux, Monitoramento Livro/Windows e Monitoramento Livro/Mac). Você quer negar o acesso ao subgrupo 'Monitoramento Livro/Linux' e permitir leitura para todos os outros. Em vez de incluir cada subgrupo, você pode incluir a permissão de leitura para o grupo 'Monitoramento Livro' e marcar a opção incluir subgrupos. Em seguida, você cadastra a permissão para negar apenas no grupo 'Monitoramento Livro/Linux'. Veja como ficaria este exemplo.

Temos também a opção de usar a aba 'Filtro de etiqueta'. Nessa aba, podemos incluir grupo de *hosts* selecionando os *hosts* do grupo escolhido com base em *tags* informadas no cadastro dos *hosts*. Essa opção serve para exibir os incidentes dos *hosts* baseados nas etiquetas cadastradas em cada *host*. Vamos ao exemplo: temos o grupo de *hosts* 'Monitoramento Livro' que possui dois *hosts*. O *host* **A** tem a *tag* 'DB: PostgreSQL' e o *host* **B** tem a *tag* 'DB: MySQL'. Todos os usuários cadastrados no grupo de usuários que terão acesso ao grupo de *hosts* 'Monitoramento Livro' poderão visualizar os dados coletados dos *hosts* **A** e **B**. Porém, apenas terão visualização dos incidentes dos *hosts* que tiverem a *tag* 'DB: MySQL' nas permissções do grupo de usuários. Essa configuração de etiqueta no cadastro do grupo de usuários ficaria conforme a figura a seguir:

Essas opções que acabamos de ver geralmente são usadas em empresas que possuem times especializados e que precisam separar em detalhes tanto permissão de *hosts* como também separação de visualização de alarmes – como o exemplo que vimos com o uso de etiquetas.

Com o grupo criado, clique no link 'Usuários' na linha referente ao grupo criado. Você também pode ir pelo menu **Administração > Usuários**.

Clique no botão 'Criar usuário' e informe os seguintes dados:

- **Apelido** – usuario
- **Nome** – Usuario
- **Sobrenome** – do Livro
- **Senha** – 123456
- **Grupos** – Grupo Livro
- **Idioma** – Português Brasileiro (PT_BR)

Automaticamente este usuário herdará as permissões do Grupo Livro. Portanto, ele apenas terá acesso de leitura ao *host* **Meu primeiro host**, não podendo fazer qualquer tipo de alteração no cadastro do *host*. Deixaremos as outras abas com as informações padrões. Dentre elas, o tipo de usuário que será **Usuário Zabbix**.

Com o usuário criado, vamos testar a autenticação e verificar o que ele tem direito de acessar. Assim que o *login* é realizado, já podemos observar alguns detalhes, conforme a seguinte tela:

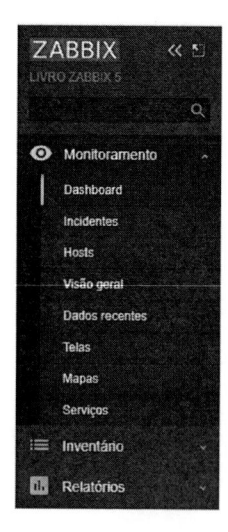

Note que o menu principal está limitado a apenas três opções: **Monitoramento**, **Inventário** e **Relatórios**. Acessando o menu **Monitoramento > Hosts**, será exibido para este usuário apenas o *host* **Meu primeiro host** do grupo de *hosts* **Monitoramento Livro**, grupo permitido para o grupo de usuários **Grupo Livro**, do qual esse usuário faz parte.

Se você desejar que seus usuários alterem alguma configuração em algum *host* ou *template*, você deverá alterar o tipo de usuário que ele é. Na tela de cadastro de usuário, na aba **Permissões**, tem o campo **Tipo de usuário**. Mesmo você permitindo o grupo de usuários a ter acesso **Leitura-escrita** a algum *host*, não será possível aos usuários desse grupo alterarem tais configurações se continuarem sendo usuários normais do sistema. Para resolver isso, precisamos alterar o tipo de usuário. Existem três tipos:

- ➢ **Usuário Zabbix** – Acesso somente leitura.
- ➢ **Administrador Zabbix** – Acesso a configurações de *hosts*, *templates* etc.
- ➢ **Super Administrador Zabbix** – Acesso total, inclusive à administração do Zabbix.

Portanto, o usuário que criamos deverá ser alterado para o tipo **Administrador Zabbix** para ter acesso à **Leitura-escrita** para o grupo de *hosts* **Monitoramento Livro**. Lembrando que temos que atualizar a permissão para **Leitura-escrita** no grupo de *hosts* **Monitoramento Livro** através do cadastro de grupos, pois não é permitido atribuir permissões a usuários, somente a grupos, e, no momento em que cadastramos o grupo de usuários, atribuímos a permissão somente leitura.

Faça *login* novamente com o usuário restrito que criamos. O menu de configuração estará agora disponível (lembre-se que alteramos o tipo de usuário para **Administrador do Zabbix**). Vá até o menu **Configuração > Hosts**. Você observará que ele tem acesso apenas ao *host* **Meu primeiro host**, conforme a figura a seguir:

Observe na figura anterior que a coluna **Templates** não está listando o *template* que está associado ao cadastro do *host*. Isso acontece porque temos que dar permissão também para o *template* **Template Livro**. Caso você deseje dar permissão para os usuários do grupo adicionarem, por exemplo, novos itens no *template* ou mesmo atualizarem ou excluírem um item existente, você deverá dar permissão de **Leitura-escrita** para o grupo de usuários.

Quando estamos trabalhando com permissões de usuários, temos que levar em consideração os objetos a que eles terão acesso.

> **CONCLUSÃO**
>
> Finalizamos aqui o capítulo que trata de permissão de grupos e usuários. Lembre-se de que o que determina as permissões de um usuário são as permissões atribuídas ao grupo de usuários do qual ele faz parte. E as permissões são baseadas em grupo de *hosts*.

10. Visualizando os Dados Monitorados

Até aqui temos o Zabbix funcionando, ou seja, realizando a coleta de dados e enviando alertas. Nós já até vimos algumas telas com esses resultados, seja de uma *trigger* ou um gráfico de algum item monitorado.

Neste capítulo o objetivo é mostrar de forma mais analítica a apresentação dos dados coletados pelo Zabbix.

10.1. Dashboard

Começaremos analisando a principal tela do Zabbix, que é a **Dashboard**. No Capítulo 4 nós conhecemos a interface web do Zabbix e tivemos uma visão geral do **Global view**, que é o *dashboard* principal do Zabbix em uma nova instalação. Veremos agora em detalhes algumas características que são apresentadas nesta tela. Vejamos a figura a seguir:

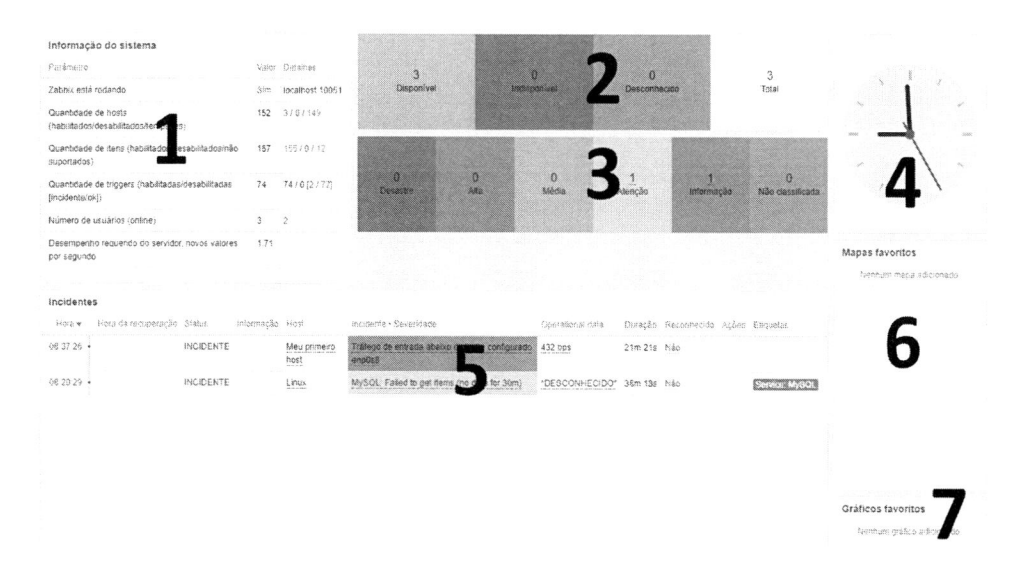

Cada número na figura representa um *widget* nesse *dashboard*:

> 1) **Informação do sistema** – Neste *widget* podemos verificar se o processo servidor está em execução, exibindo detalhes do endereço IP ou nome DNS e a porta de comunicação. Mostra número de *hosts*, itens e *triggers* que estão sendo monitorados, além de número de usuários *on-line* e o desempenho requerido pelo servidor.

> 2) **Disponibilidade de *hosts*** – Neste *widget* temos painéis que representam a quantidade de *hosts* disponíveis sob a ótica de disponibilidade da interface de agente do Zabbix. Vale ressaltar que esses números estão diretamente ligados aos *hosts* a que o usuário tem acesso.

> 3) **Problemas por severidade** – Neste *widget* temos um painel que representa a quantidade de problemas ativos no sistema.

> 4) **Relógio** – Este *widget* apenas exibe um relógio com o horário local. É possível exibir o horário do servidor do Zabbix e também selecionar um *host* para exibir o horário desse *host*.

> 5) **Incidentes** – Este *widget* apresenta os incidentes recentes do sistema. Por padrão, está limitado a exibir os últimos 25 incidentes.

> 6) **Mapas favoritos** – Este *widget* apresenta os links para os mapas favoritados pelo usuário. Para favoritar um mapa, devemos clicar no ícone de estrela que surge no canto superior direito da tela quando estamos visualizando o mapa que queremos favoritar.

> 7) **Gráficos favoritos** – Este *widget* apresenta os links para os gráficos favoritados pelo usuário. Para favoritar um gráfico, devemos clicar no ícone de estrela que surge no canto superior direito da tela quando estamos visualizando um gráfico.

Esse *dashboard*, por padrão, não permite que usuários que não tenham perfil de super administrador do Zabbix o visualizem. Cada *dashboard* criado pode ser compartilhado com outros usuários. Para isso, devem ser configuradas as permissões que um grupo de usuários ou usuários específicos terão. Você pode permitir apenas leitura, ou seja, apenas visualização. E também pode permitir leitura e escrita, ou seja, além de visualização, também poderá fazer alterações e até mesmo conseguir excluir o *dashboard*. Por isso, devemos ter atenção quando formos atribuir permissões. Essas configurações funcionam quando você marca o compartilhamento do *dashboard* como privado. Caso opte por marcar o compartilhamento como público, todos os usuários do Zabbix terão acesso de visualização ao *dashboard* compartilhado.

Outro *dashboard* padrão da instalação é o **Zabbix server health**. Esse *dashboard* exibe informações sobre a saúde do Zabbix Server.

10.1.1. Criando um novo *dashboard*

Para criar um novo *dashboard*, devemos clicar no link **Todos os dashboards** ao acessar o menu **Monitoramento > Dashboard**. No canto superior direito da tela, clique no botão **Criar dashboard**. Aparecerá um *popup* para você digitar o nome do *dashboard*. Se você estiver criando o *dashboard* como um usuário 'Super Administrador do Zabbix', você conseguirá selecionar um outro usuário como proprietário desse *dashboard*. Caso esteja criando o *dashboard* como um usuário que não seja 'Super Administrador do Zabbix', essa opção estará travada.

Digite o nome do *dashboard* e clique em aplicar. Surgirá uma opção como a figura a seguir:

Quando clicamos no objeto que aparece na figura anterior, abre um *popup* para configurar o *widget*. Podemos selecionar vários tipos de *widgets* para personalizar nosso *dashboard*. Cada tipo de *widget* tem suas opções, algumas bem simples e outras com muitos recursos. Como, no meu ponto de vista, a criação de *dashboard*, assim como a criação de mapas, é uma coisa muito pessoal, ou seja, vai da criatividade de cada um, não vou me atentar aos detalhes de criação. Essa parte da interface web do Zabbix é bastante intuitiva. Você pode obter mais detalhes na documentação oficial em: <https://www.zabbix.com/documentation/current/manual/web_interface/frontend_sections/monitoring/dashboard>.

O que vale resaltar é um detalhe muito importante: um usuário normal só conseguirá criar *dashboards* com os objetos aos quais tem acesso. Isso tem relação com os grupos de *hosts* a que ele tem permissão.

Depois que você salvar o seu *dashboard*, surgirá no canto superior direito da tela os seguintes botões de comando, conforme a figura a seguir:

O botão 'Editar dashboard' permite fazer alterações, tais como: adicionar, alterar ou remover *widgets*. O segundo botão é a opção de ações que podemos tomar com o *dashboard* atual. Vejamos a figura a seguir:

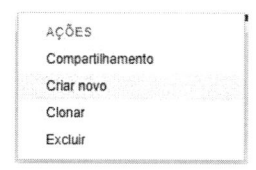

AÇÕES
Compartilhamento
Criar novo
Clonar
Excluir

A opção de compartilhamento permite que você defina quem pode visualizar o seu *dashboard*. Temos dois tipos de compartilhamento:

> **Privado:** apenas grupos de usuários ou usuários específicos poderão ter acesso ao *dashboard*. Permite configurar permissões de leitura e leitura-escrita.
> **Público:** qualquer usuário poderá visualizar seu *dashboard*. Também pode configurar permissões específicas.

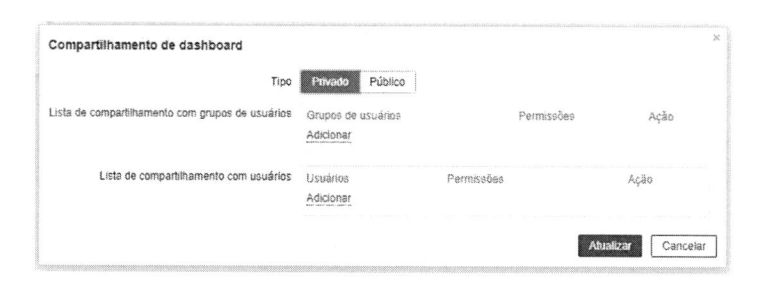

A figura anterior exibe a parte das configurações do compartilhamento.

Por último, o terceito botão de comando ativa o modo quiosque da interface web do Zabbix.

10.2. Visão geral

Já apresentamos esta tela quando estávamos visualizando os alertas de *triggers*. Portanto, vamos focar em outros detalhes agora. Por padrão, os dados são apresentados de forma a mostrar apenas incidentes recentes na visão geral de *triggers*, mas podemos visualizar na visão geral os dados dos itens. Para apresentar no formato do tipo **Dados**, devemos selecionar esta opção na caixa de seleção do menu *popup* no canto superior esquerdo da tela. A figura a seguir mostra como esses dados são apresentados.

Visualizando os Dados Monitorados

Podemos observar que a primeira coluna tem a descrição dos itens, em vez das *triggers*.

Os valores de cada item possuem um link. Clicando no link do item, é apresentado um menu com os comandos mostrados na figura a seguir:

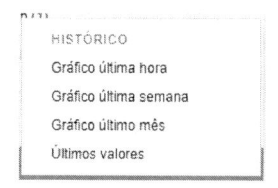

Neste menu, podemos acessar gráficos sem a necessidade de configuração (nem mesmo o gráfico para um item selecionado precisa existir) e também podemos visualizar os últimos valores coletados, ideal para ver se o item está sendo coletado no intervalo correto que foi configurado. Por exemplo: se você configurou um item para ser coletado a cada dez segundos, a hora apresentada não poderá estar com diferença maior do que dez segundos para cada coleta. Estando com diferença no horário, você poderá investigar o servidor para saber o motivo pelo qual isso está ocorrendo.

> Obs.: podemos verificar o atraso na coleta de dados através do menu Administração > Fila.

Ainda na tela de **Visão geral**, vamos selecionar **Visão geral triggers**. Vamos observar a diferença dos menus suspensos que são exibidos quando clicarmos no *status* das *triggers*. Quando a *trigger* estiver com *status* **OK**, será apresentado o seguinte menu:

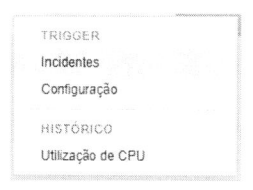

Ou quando o *status* for um incidente, será apresentado o seguinte menu:

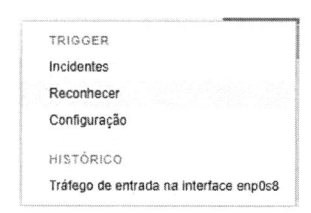

```
TRIGGER
Incidentes
Reconhecer
Configuração
HISTÓRICO
Tráfego de entrada na interface enp0s8
```

Observe que, no primeiro menu, podemos visualizar os incidentes da *trigger*, ou seja, quando o sistema reconheceu algum incidente e quando o *status* voltou a ficar OK. Veja na figura a seguir:

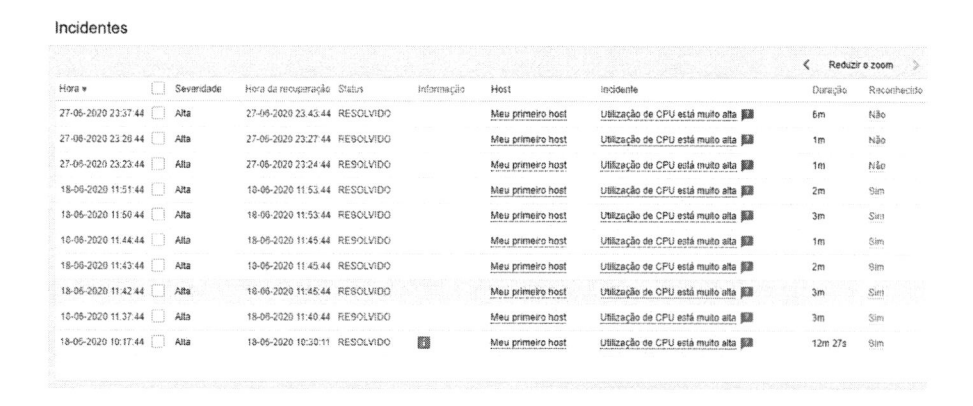

Hora ▼		Severidade	Hora da recuperação	Status	Informação	Host	Incidente		Duração	Reconhecido
27-06-2020 23:37:44		Alta	27-06-2020 23:43:44	RESOLVIDO		Meu primeiro host	Utilização de CPU está muito alta		6m	Não
27-06-2020 23:26:44		Alta	27-06-2020 23:27:44	RESOLVIDO		Meu primeiro host	Utilização de CPU está muito alta		1m	Não
27-06-2020 23:23:44		Alta	27-06-2020 23:24:44	RESOLVIDO		Meu primeiro host	Utilização de CPU está muito alta		1m	Não
18-06-2020 11:51:44		Alta	18-06-2020 11:53:44	RESOLVIDO		Meu primeiro host	Utilização de CPU está muito alta		2m	Sim
18-06-2020 11:50:44		Alta	18-06-2020 11:53:44	RESOLVIDO		Meu primeiro host	Utilização de CPU está muito alta		3m	Sim
18-06-2020 11:44:44		Alta	18-06-2020 11:45:44	RESOLVIDO		Meu primeiro host	Utilização de CPU está muito alta		1m	Sim
18-06-2020 11:43:44		Alta	18-06-2020 11:45:44	RESOLVIDO		Meu primeiro host	Utilização de CPU está muito alta		2m	Sim
18-06-2020 11:42:44		Alta	18-06-2020 11:45:44	RESOLVIDO		Meu primeiro host	Utilização de CPU está muito alta		3m	Sim
18-06-2020 11:37:44		Alta	18-06-2020 11:40:44	RESOLVIDO		Meu primeiro host	Utilização de CPU está muito alta		3m	Sim
18-06-2020 10:17:44		Alta	18-06-2020 10:30:11	RESOLVIDO		Meu primeiro host	Utilização de CPU está muito alta		12m 27s	Sim

Na visualização do evento, é possível exportar os dados apresentados para o formato CSV e utilizá-los em planilhas eletrônicas. Esta opção pode ser executada clicando no botão **Exportar para CSV**.

Ao clicar no link da opção 'Histórico', onde é exibido o nome do item relacionado à *trigger*, será apresentado o gráfico desse item.

Já no segundo menu, que é apresentado quando a *trigger* sofreu um incidente, temos uma nova opção, que é a de reconhecer o evento ocorrido. Também é possível reconhecer um evento acessando o menu **Monitoramento > Incidentes**. Será apresentada a seguinte tela:

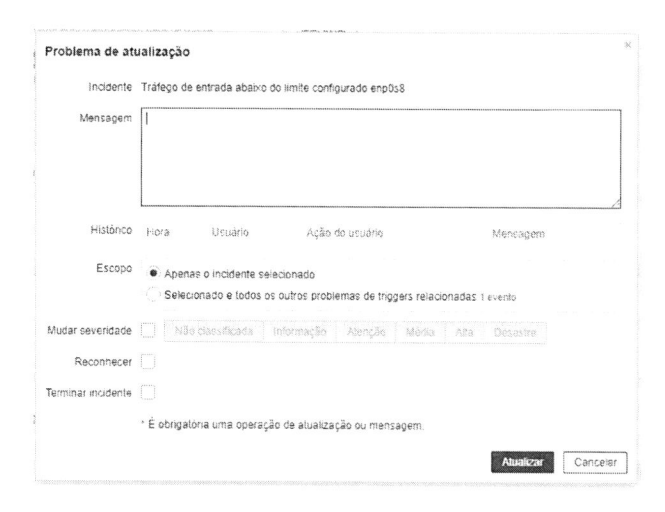

Nesta tela de reconhecimento do alarme, nós podemos registrar detalhes do problema. Por exemplo, informar que alguma equipe já está trabalhando para investigar as causas do problema. Assim, evita-se que duas ou mais equipes trabalhem para buscar a resolução do mesmo problema, o que pode atrapalhar na verificação. Também podemos mudar a severidade do alarme. Isso geralmente é usado quando pretendemos transferir a visualização do alarme para outras equipes. Logicamente, você precisa criar *dashboards* para cada uma das equipes e informar os níveis de severidade de alarmes. A última opção desta tela é a de terminar um incidente. Essa opção só aparece habilitada quando a configuração da *trigger* relacionada ao alarme está com a opção de permitir fechamento manual habilitada, como vimos no tópico 8.6.

Temos algumas opções para saber se um alarme foi reconhecido. Na própria tela de **Visão Geral**, o *status* da *trigger* apresentará o símbolo de visto na cor verde.

Já na tela de **Dashboard**, o incidente estará com a coluna **Reconhecido** apresentando o termo **Sim** no *widget* **Incidentes**:

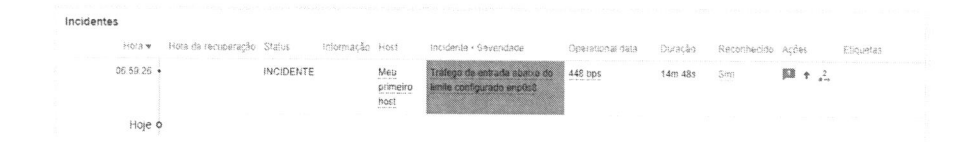

Observe na figura anterior que temos alguns detalhes na coluna **Ações**. O ícone de balão de fala com o número 1 representa a quantidade de mensagens que já foram registradas neste incidente. Já a seta para cima representa que a severidade do evento foi alterada para um nível superior. O terceiro e último ícone dessa coluna representa o número de ações tomadas no incidente. Essas ações podem ser manuais ou automáticas. Ações manuais são ações executadas pelo operador do sistema, como, por exemplo, digitar uma mensagem, reconhecer o incidente etc. Já ações automáticas são ações executadas pelo Zabbix que foram configuradas, como, por exemplo, envio de e-mail, envio de mensagem via *webhook* etc.

O reconhecimento de eventos também é exibido na tela **Incidentes**.

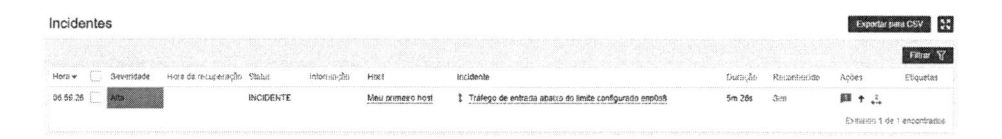

Quando clicamos no link da coluna Hora de um evento, temos acesso aos detalhes do evento, ou seja: detalhes da *trigger*, detalhes do evento, as ações desse evento e os últimos 20 eventos anteriores. Vejamos o exemplo da figura a seguir:

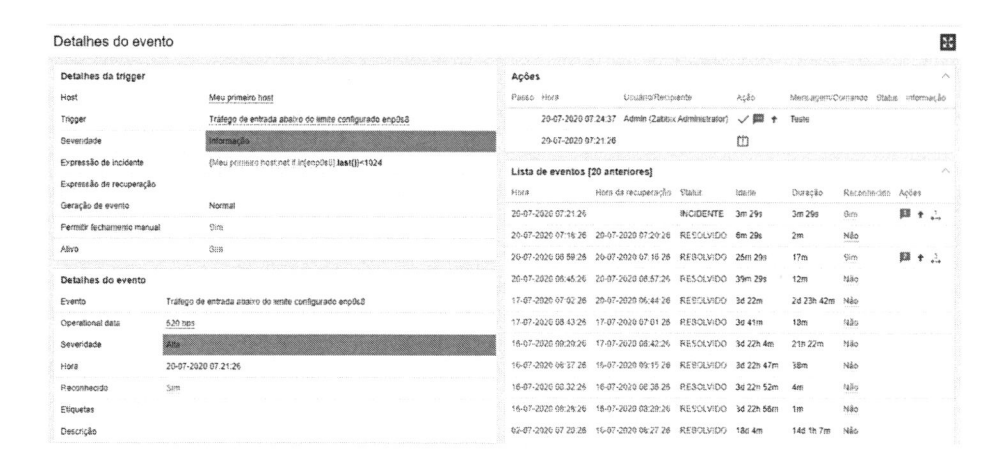

> **CONCLUSÃO**
>
> Como vimos neste tópico, pegamos um gancho explicando os incidentes acessando a partir da tela de visão geral. O Zabbix faz essas ligações entre algumas telas, e isso é interessante para acessarmos algumas informações com poucos cliques.

11. Mapas, Telas e Relatórios

Neste capítulo, mostrarei a importância de um monitoramento voltado para o uso gerencial, através de relatórios e com a visualização através de mapas e telas.

11.1. Mapas

De forma genérica, a visualização por mapas serve para analisarmos um conjunto de *hosts* separados por dois ou mais links. Um exemplo seria você desenhar o mapa de localização entre uma matriz e suas filiais, onde poderia ser monitorado o link entre essas unidades, além de alertar os principais sistemas e serviços. Assim, a equipe de operações iria visualizar em tempo real um problema ocorrido e poderá acionar a equipe responsável pela resolução do problema.

Para visualizar e gerenciar mapas, utilizamos o menu **Monitoramento > Mapas**. Para criar um novo mapa, precisamos clicar no link **Todos os mapas** e depois no botão **Criar mapa**. Na instalação do Zabbix, já temos um mapa que iremos utilizar como exemplo (**Local network**). Clique no link desse mapa. O mapa abre em modo de visualização. Para abrirmos sua edição, clique no botão **Editar mapa**. Será exibida a tela de edição do mapa, conforme a figura a seguir:

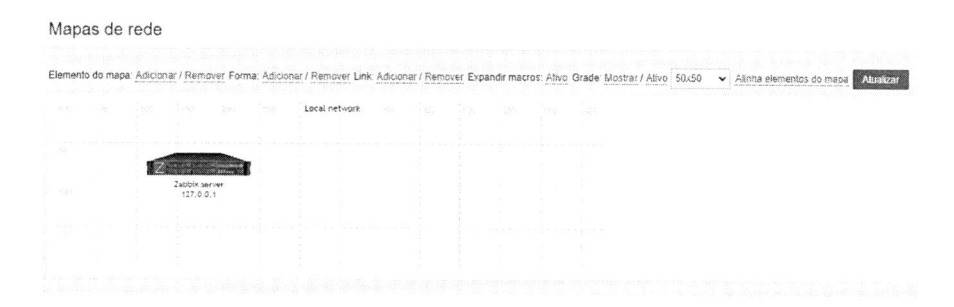

Neste mapa, temos o *host* **Zabbix server**. Vamos incluir o *host* **Meu primeiro host**.

Clique no link **Adicionar** em **Elemento do mapa**. Aparecerá o ícone de um servidor. Você pode arrastar esse novo elemento para qualquer lugar dentro da área de mapa. Clique sobre o novo elemento para abrir suas configurações. Nesta tela de configurações, informe os seguintes dados:

> **Tipo:** Host
> **Texto:** {HOST.NAME}
> **Host:** Meu primeiro host

Suas configurações deverão estar conforme a figura a seguir:

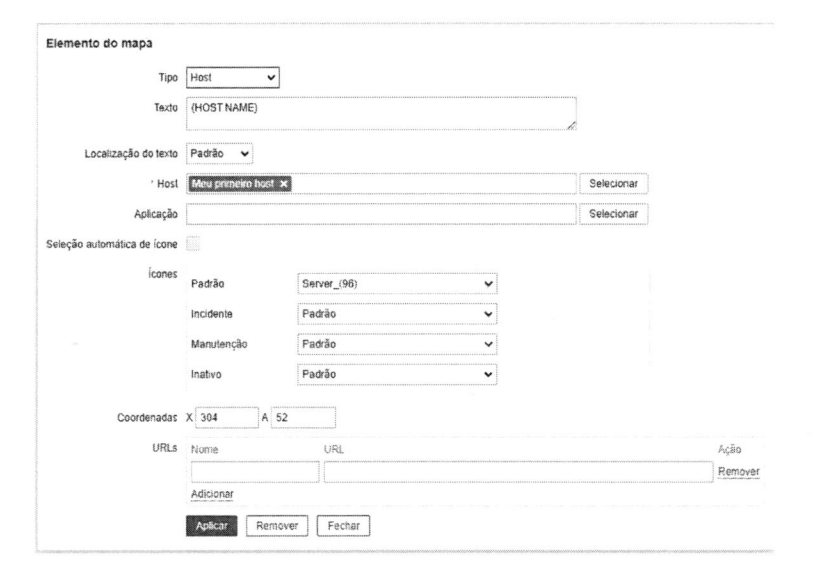

Após informar os dados, clique em 'Aplicar' e depois em 'Fechar'.

Observe que na tela de edição do elemento (o *host* que selecionamos) temos algumas opções. Elas podem ser: configurar o ícone que aparecerá do *host* quando ele estiver com problema, manutenção, inativo ou padrão (tudo ok com o monitoramento). Agora podemos clicar no botão **Atualizar**, pois, caso contrário, nosso mapa não será alterado e continuará com as configurações anteriores. Clique novamente no link do mapa **Local Network** para exibir o mapa. A figura a seguir mostra que está tudo certo com os *hosts* presentes no nosso mapa:

Mapas

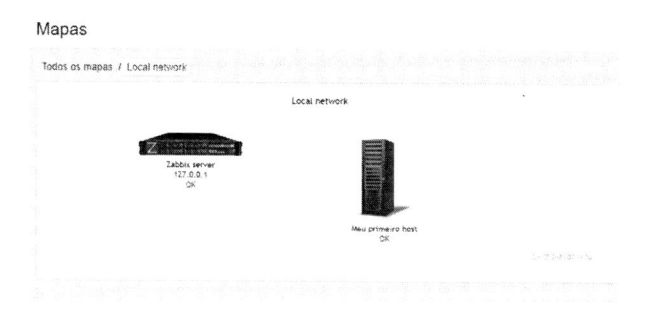

Podemos simular qualquer tipo de problema em um dos *hosts* presentes no mapa. Problemas que aparecerão nos mapas estão relacionados à ativação das *triggers* presentes nos *hosts*.

Podemos observar que o *host* **Meu primeiro host** está com problemas e seu ícone no mapa recebeu um círculo de fundo e também exibiu a *trigger* que está com problema:

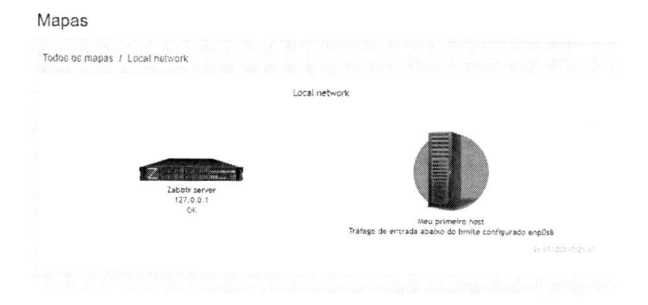

O uso de mapas é extremamente simples, e você poderá personalizá-lo com imagens de fundo utilizando, por exemplo, mapas de cidades, estados ou países para mostrar a interligação dos links entre os *hosts* da rede, inclusive podendo ser configurada a velocidade do link entre as redes para verificação do tráfego de rede, conforme podemos visualizar no exemplo da figura a seguir:

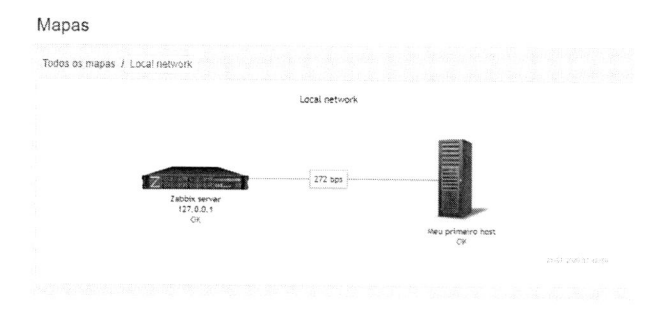

Para criar o link desse exemplo, selecionamos os elementos do mapa pressionando a tecla Ctrl e clicando nos dois elementos. Será aberta a tela de atualização em massa de elementos.

Nesta tela, no campo **Links**, clicamos em **Editar** e adicionamos no campo **Texto** '{Meu primeiro host:net.if.in[enp0s8].last()}'. Isso faz com que ele acesse o último valor do item que coleta as informações de tráfego de rede do *host* **Meu primeiro host**.

Isso foi apenas um exemplo básico do que podemos configurar nos mapas. Como mencionei na criação de *dashboards*, o mesmo eu repito para a criação de mapas. Aqui, vale a criatividade de quem vai montar o mapa e as ideias que terá para ajustar e configurar os seus elementos. Para mais detalhes sobre criação de mapas, sugiro a leitura da documentação oficial que trata dessa parte: <https://www.zabbix.com/documentation/current/manual/config/visualisation/maps/map#creating_a_map>.

Você também pode ajustar as propriedades do mapa para configurar o nome do mapa, ajustar largura e altura, imagem de fundo etc. Para isso, na tela de mapas, clique em todos os mapas e em seguida no link **Propriedades** referente ao mapa cujas propriedades você deseja alterar. A exemplo dos *dashboards*, também podemos fazer o uso de compartilhamento dos mapas, usando as permissões disponíveis.

11.2. Telas

O uso de telas é similar ao uso de mapas, com a vantagem de podermos incluir recursos, tais como: gráficos, informações de um grupo de *hosts*, históricos de ações etc. A figura a seguir mostra um exemplo da utilização de telas:

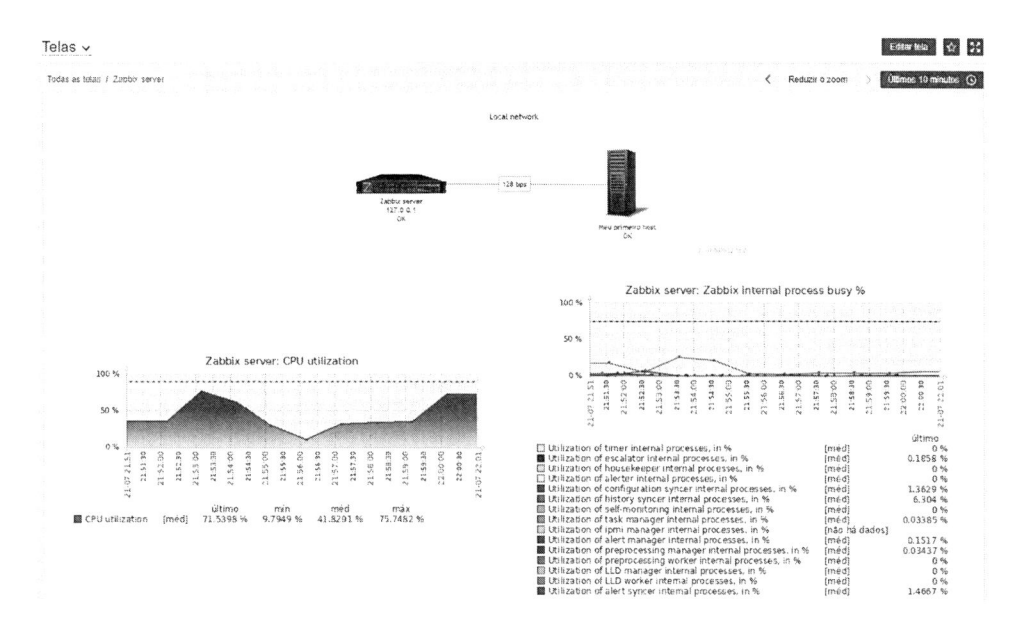

As telas podem ser configuradas acessando o menu **Monitoramento > Telas**. Não há mistérios para realizar esta configuração, já que se trata de uma personalização através de recursos que nós já temos configurados, como o exemplo citado antes.

Assim como nos gráficos, na visualização de telas podemos utilizar filtros para analisarmos um determinado período. Para isso, basta utilizarmos as opções de filtro, selecionando os intervalos sugeridos ou até mesmo escolhendo data e horários específicos, podendo inclusive usar notações, como apresentado na figura a seguir:

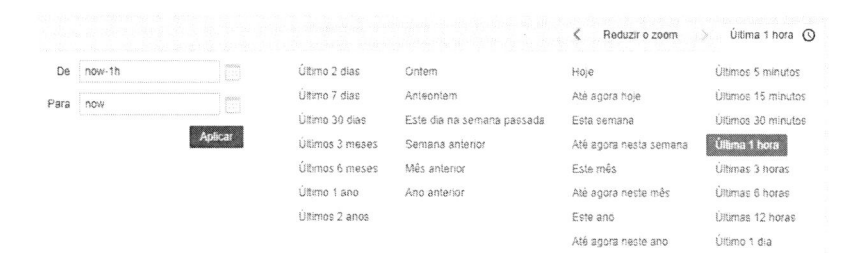

Também é possível configurar *slideshows* para rotacionar várias telas em um mesmo painel. Essa configuração pode ser realizada através do menu **Monitoramento > Telas**. No canto superior esquerdo da tela, selecione **Slideshows** em vez de **Telas**. A configuração de *slideshows* é bem simples, bastando selecionar as telas que você quer cadastrar e informar o intervalo padrão para rotacionar as telas. Esse recurso é ideal para jogar as informações em uma tela e deixar rotacionando as principais telas contendo as informações do seu monitoramento.

11.3. Relatórios

Este recurso do Zabbix é mais voltado para os usuários que fazem o trabalho gerencial e analisam o monitoramento em números. No menu **Relatórios**, temos os submenus **Informações do sistema**, **Relatório de disponibilidade**, **Top 100 Triggers**, **Auditoria**, **Log de ações** e **Notificações**. O primeiro submenu mostra a tela de informações do sistema, uma espécie de *status* do Zabbix, que também é exibida no **Dashboard principal**. Já o submenu **Relatório de disponibilidade** exibe a porcentagem em que uma determinada *trigger* esteve com os *status* de 'Incidente' e 'Ok'. A figura a seguir exibe o relatório de disponibilidade separando as *triggers* de acordo com os *hosts* que estão sendo monitorados:

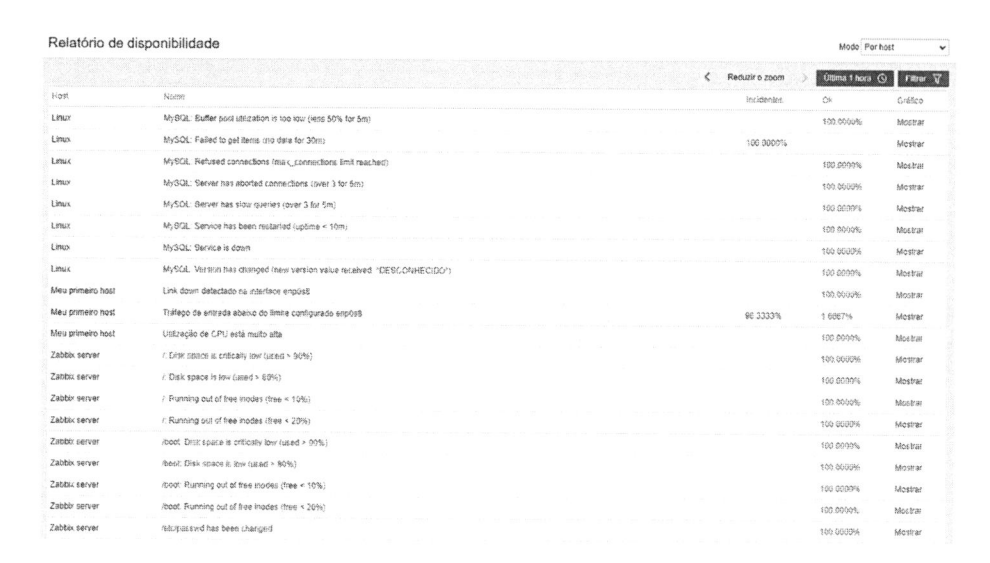

Nessa tela também é possível clicar no link 'Mostrar' na coluna 'Gráfico' para cada *trigger*. A figura a seguir exibe um desses gráficos:

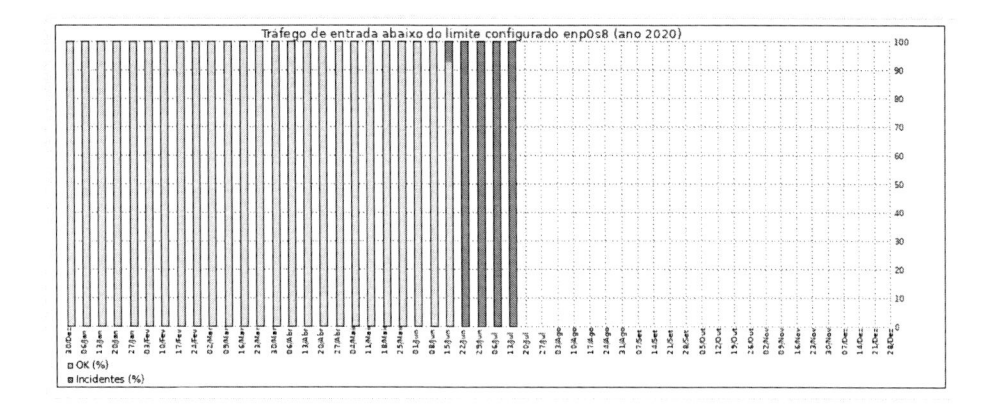

No submenu **Top 100 triggers**, é exibida uma listagem com as *triggers* que tiveram mais alterações em seu *status*. Podemos observar na figura a seguir:

O interessante neste menu é poder analisar as alterações das *triggers* para poder cobrar as equipes responsáveis. Muitas alterações de status nas *triggers* podem levar a um entendimento de que os problemas não estão sendo resolvidos de maneira consistente, eficiente ou até mesmo que não se está chegando à causa-raiz do problema. Sendo assim, chegaremos ao famoso "enxugar gelo", "tapar o sol com a peneira", entre outras frases conhecidas na área de TI.

No submenu **Auditoria**, podemos emitir relatórios em tela dos registros das ações realizadas pelos usuários na interface web do Zabbix. Podemos analisar quem modificou alguma configuração em um determinado *host*, quem excluiu um gráfico etc. Podemos relacionar os *logs* baseados em usuários, ações e recursos do sistema.

Por último, em **Notificações**, temos a relação da quantidade de vezes em que as notificações do sistema foram disparadas. Aqui podemos filtrar por tipo de mídia e período. Ótimo para quantificar as notificações enviadas para determinados usuários.

Podemos observar que a parte de visualização gráfica e emissão de relatórios não é o foco do Zabbix. Para visualização de gráficos e montagem de *dashboards* mais apresentáveis, eu sugiro que o leitor busque estudar e implantar o Grafana (<https://grafana.com/>), que trabalha muito bem com o Zabbix e possui diversos recursos para montar *dashboards* bem mais bonitos e estruturados que os recursos gráficos disponíveis no Zabbix.

> **CONCLUSÃO**
>
> Algo que podemos destacar neste capítulo que acabamos de ver é que, na grande maioria das opções mostradas, temos como usar o recurso de filtro, que facilita quando desejarmos verificar um período e até mesmo selecionar opções específicas de cada uma das telas.

12. Instalando o Zabbix Agent em *Hosts* Windows

O Zabbix possui agente pré-compilado para monitoramento de *hosts* para todas as versões do sistema operacional Microsoft Windows (a partir da versão 2000), tanto na arquitetura i386 como na x86_64. É possível monitorarmos recursos como CPU, memória, disco, serviços, entre outros itens.

Neste capítulo abordaremos como realizar a instalação e configuração do Zabbix Agent em sistemas Windows e também criaremos um *host* e itens para monitoração.

Iniciaremos instalando a versão padrão do Zabbix Agent.

Baixe a última versão do agente para Windows disponível em <http://www.zabbix.com/download>. O arquivo pode vir em dois formatos, dependendo da escolha por criptografia OpenSSL ou sem criptografia. Com suporte à criptografia o arquivo que iremos baixar vem no formato de pacotes MSI. Ou seja, iremos instalar o Zabbix Agent da maneira mais fácil de instalar um aplicativo em sistemas Windows. Já o pacote sem criptografia vem compactado no formato ZIP. O formato ZIP tem a vantagem de poder baixar o Zabbix Agent 2, novo agente de monitoramento escrito na linguagem Go e que possui novos recursos e promete ser mais eficiente em termos de performance e maneira de coletar itens de monitoração usando menos recursos da máquina.

Na figura a seguir é apresentada a seleção do arquivo no formato MSI para o *download* do Zabbix Agent.

Download and install pre-compiled Zabbix agents

OS DISTRIBUTION	OS VERSION	HARDWARE	ZABBIX VERSION	ENCRYPTION	PACKAGING
Windows	Any	amd64	5.0 LTS	OpenSSL	MSI
Linux		i386	4.4	No encryption	Archive

Execute a instalação e siga normalmente os passos de instalação de um aplicativo em sistemas Windows. Observe a figura a seguir:

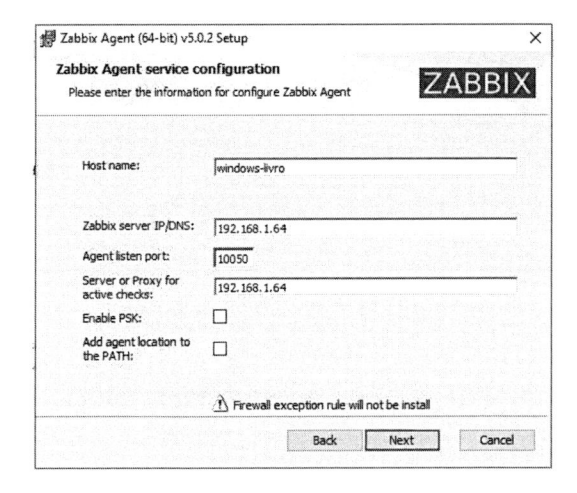

Quando chegar nesta etapa, informe os seguintes dados:

> **Host name:** nome do *host*. Não precisa ser o mesmo nome do *host* em seu sistema. Mas, lembre-se, se você pretende usar checagens ativas, esse nome deve ser o mesmo que o *host* cadastrado na interface web do Zabbix.
> **Zabbix server IP/DNS:** autoexplicativo. Aqui no exemplo eu informei o IP que estou utilizando no Zabbix server.
> **Server or Proxy for active checks:** IP do Zabbix Server ou Proxy para checagens ativas.

Clique em **Next** para continuar com a instalação. Nesse primeiro momento não utilizaremos criptografia na comunicação do agente. Na próxima tela deixe as opções já selecionadas para instalar o *daemon* do Zabbix Agent e também as ferramentas Zabbix Get e Zabbix Sender.

Caso precisar alterar alguma configuração no Zabbix Agent, acesse a pasta onde ele foi instalado em **C:\Program Files\Zabbix Agent** e edite o arquivo de configuração **zabbix_agentd.conf**. Sempre que fizer alterações neste arquivo, o serviço do Zabbix Agent deverá ser reiniciado. Para isso, você pode utilizar o Gerenciamento de Serviços do Windows (**services.msc**) ou digitar o seguinte comando no *prompt* de comando do Windows para parar o serviço:

```
C:\Program Files\Zabbix\zabbix_agentd.exe -x
```

Em seguida, execute o seguinte comando para iniciar o serviço:

```
C:\Program Files\Zabbix\zabbix_agentd.exe -s
```

Já podemos criar um *host* na interface web do Zabbix para monitorarmos o Windows do nosso exemplo. Cadastre esse novo *host* com as seguintes informações:

- **Nome do *host*** – Windows-livro
- **Novo grupo de hosts** – Windows Desktop
- **Endereço IP** – <IP_da_máquina_Windows>
- **Templates** – Associe o *template* **Template OS Windows by Zabbix agent**

Lembre-se de adicionar uma exceção no *firewall* do Windows para liberar o uso do **zabbix_agentd.exe**. Caso contrário, você não conseguirá coletar as informações do *host* Windows-livro. Você também pode permitir a comunicação da porta 10050 em vez de permitir o binário do Zabbix Agent. Isso fica a seu critério.

Vá até o menu **Monitoramento > Dados recentes**, onde poderemos verificar se os dados estão sendo coletados. Podemos verificar na figura a seguir:

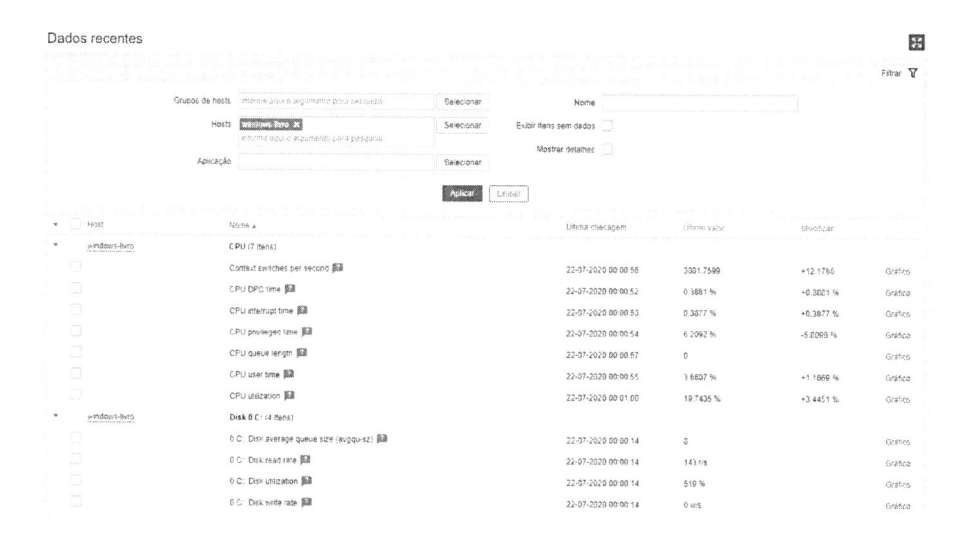

Observe que os dados já estão sendo coletados pelo Zabbix Agent no Windows.

Para deixar o monitoramento de *hosts* com Windows mais personalizável, podemos utilizar os contadores de desempenho presentes nos sistemas Windows. Devemos utilizar a chave presente no Zabbix chamada **perf_counter**. Com o auxílio da ferramenta

TypePerf.exe, podemos obter uma lista de objetos registrados em cada sistema, que normalmente são utilizados pelo aplicativo de monitoramento de desempenho, o *perfmon*. O **TypePerf** possui várias opções de execução. O que interessa realmente para coletarmos os contadores dos objetos instalados no sistema é o uso da opção **-qx**. Portanto, para gerar essa listagem, executaremos o seguinte comando:

```
C:\>typeperf -qx
```

Essa execução gerará uma imensa listagem cujo início não teremos como analisar. Para isso, vamos jogar a saída dessa execução para um arquivo texto, para que possamos ler essa listagem.

```
C:\>typeperf -qx -o contadores.txt
```

Com a listagem em um arquivo, podemos escolher uma e testarmos no Zabbix Server se a coleta será feita. Vamos pegar o contador **\LogicalDisk(C:)\% de espaço livre**, que não está presente no *template* **Template OS Windows**. Execute o seguinte comando:

```
# zabbix_get -s 192.168.1.81 -k perf_counter["\LogicalDisk(C:)\% de espaço livre"]
```

Este contador retorna a porcentagem de espaço livre em disco no *drive* C:. Com o teste funcionando, podemos criar um item para o *host* **windows-livro** e começar a coleta a partir desta chave. Cadastraremos esse novo item direto no *host* **windows-livro**, pois estamos usando apenas como exemplo. Se desejar cadastrar esse item em algum *template* específico para aproveitar em outros *hosts* Windows, cadastre esse novo item com os seguintes dados:

- **Nome** – Espaço em disco no *drive* C:
- **Tipo** – Agente Zabbix
- **Chave** – perf_counter["\LogicalDisk(C:)\% de espaço livre"]
- **Tipo de informação** – Numérico (fracionário)
- **Unidades** – %

Após cadastrarmos o item e formos visualizar os dados coletados, já teremos o resultado, conforme a figura a seguir:

Quem tem um parque de máquinas com sistemas Windows em idiomas diferentes deve tomar cuidado ao cadastrar itens utilizando o **perf_counter**. Isso porque os contadores também estão nos idiomas do sistema. Portanto, seria um retrabalho ter que criar cada item para os sistemas operacionais com diferentes idiomas. Para resolver esse problema, nós podemos usar os contadores com o seu número de identificação, em vez de utilizarmos a sua descrição. Para consultarmos esses números identificadores, precisamos acessar o aplicativo **regedit** e procurar a pasta **HKEY_LOCAL_MACHINE\SOFTWARE\Microsoft\Windows NT\CurrentVersion\Perflib**. Nesta pasta, temos as subpastas 009 e 0416, que representam a relação dos contadores e seus identificadores no idioma inglês e português do Brasil, respectivamente. Estou fazendo essa consulta em uma máquina com Windows 10. A chave **Counter** dessas subpastas tem os mesmos números identificadores, com a diferença de cada um estar em seu idioma. Cadastrar os itens com os números de identificação é a maneira mais trabalhosa, porém a mais eficiente, já que você não precisará cadastrar um mesmo item mais de uma vez para cada idioma. Isso faria com que você tivesse um *template* para cada idioma para atender aos seus sistemas. Em substituição ao nosso exemplo, a chave do item ficaria da seguinte forma:

> perf_counter["\236(C:)\408"]

Onde 236 é o identificador das unidades lógicas e 408 o identificador de % de espaço livre. Testando a execução do **zabbix_get** nas duas maneiras, teremos o mesmo resultado:

```
# zabbix_get -s 192.168.1.81 -k perf_counter["\LogicalDisk(C:)\% de espaço livre"]

38.256358
# zabbix_get -s 192.168.1.81 -k perf_counter["\236(C:)\408"]

438.256358
```

> **CONCLUSÃO**
>
> Vimos neste capítulo como é fácil fazer a instalação do Zabbix Agent em ambiente Windows e também cobrimos a configuação de itens usando a chave perf_counter.

13. Configurando Monitoramento Web

No tópico 8.10 tivemos uma introdução teórica sobre os recursos que o monitoramento web oferece. Neste capítulo colocaremos em prática dois exemplos: analisaremos o tempo de resposta e a velocidade de acesso ao site <https://www.google.com.br> e ao endereço que serve a camada de aplicação da interface web do Zabbix.

13.1. Monitoramento web simples

O primeiro exemplo será o mais simples, pois queremos saber apenas o tempo de acesso e a velocidade para exibir o site do Google. Vamos até o menu **Configuração > Hosts**. No *host* **Meu primeiro host,** clique em **Web**. Já na próxima tela, clique no botão **Criar cenário web,** localizado no canto superior direito da tela. Preencha o formulário com os seguintes dados na aba **Cenário:**

- **Nova Aplicação** – Web
- **Nome** – Google
- **Autenticação** – Nenhum
- **Intervalo atualização (em seg)** – 1m
- **Agente** – Zabbix

Na aba **Passos**, clique no link **Adicionar** (não confunda com o botão **Adicionar**). Informaremos a URL que deverá ser testada. Preencha os seguintes dados:

- **Nome** – Acesso ao site Google
- **URL** – https://www.google.com.br
- **Timeout** – 15s
- **Código de status necessários** – 200

Na aba **Cenário,** o campo mais importante é o **Agente**. Neste campo, selecionamos o mecanismo que será utilizado para executar os passos, ou seja, selecionamos o padrão de navegador que será utilizado. Utilizamos aqui o agente Zabbix porque isso identifica o servidor web do qual estamos fazendo a coleta utilizando um sistema de monitoramento.

Já na aba **Passos**, o que de fato é importante para esse monitoramento simples, além da URL, é o código de status HTTP que desejamos ter de retorno. Neste caso, queremos um código OK, que significa que a URL solicitada foi retornada com sucesso. Podemos obter os códigos de status de requisições HTTP através do endereço <https://support.google.com/webmasters/answer/40132?hl=en> ou mais detalhes em <http://www.w3.org/Protocols/rfc2616/rfc2616-sec10.html>.

Clique agora no botão 'Adicionar' para criar o monitoramento web com as configurações que acabamos de definir.

Nosso cenário está criado e podemos verificar seu monitoramento através do menu **Monitoramento > Hosts**. Busque pelo *host* **Meu primeiro host** e clique no link **web**. Se preferir, utilize a busca do Zabbix para ser mais rápido e direto. A figura a seguir exibe o *status* do nosso cenário.

Para obtermos mais detalhes, podemos clicar no link com o nome do cenário, onde serão exibidos dados e gráficos para tempo de resposta e velocidade de acesso à URL. As figuras a seguir exibem partes desta tela:

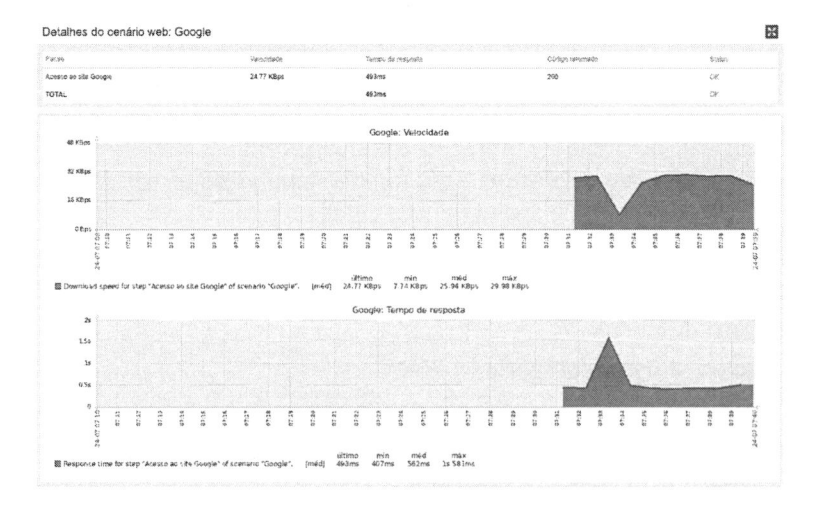

O interessante do monitoramento web é que não precisamos nos preocupar em como criar os itens de coleta. Toda essa configuração é realizada de forma automática e transparente pelo Zabbix. Nem mesmo os itens criados nos passos e cenário web são exibidos nas configurações de itens do *host* em que criamos o cenário web. Porém, podemos observar esses itens sendo coletados acessando **Monitoramento > Dados recentes**. Observe a figura a seguir:

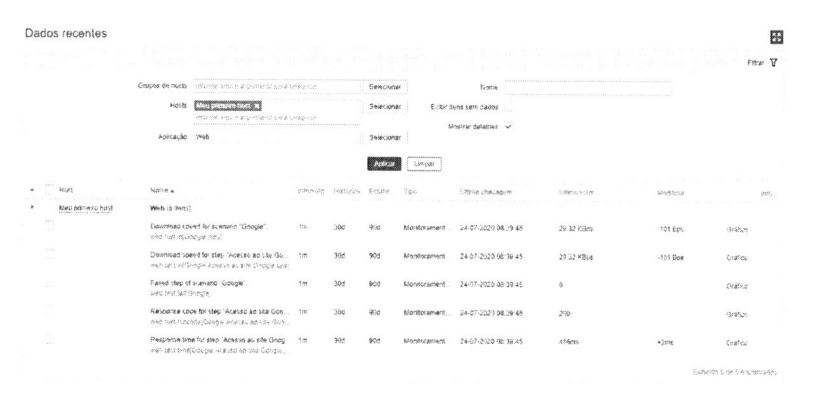

Nesta figura estamos visualizando apenas os itens da aplicação **Web**. Lembra que definimos no cadastro do cenário web uma nova aplicação? Então, essa aplicação serve para identificarmos os itens criados no monitoramento web para cada passo cadastrado para o cenário web. Observe também que eu marquei a opção para mostrar detalhes. Isso foi de propósito, para exibir as chaves dos itens criados pelo monitoramento web. Isso serve para criarmos *triggers* para os itens do monitoramento web. No momento de configurar uma nova *trigger*, esses itens são exibidos para você os selecionar e montar a expressão da *trigger*. Por exemplo, vamos criar uma *trigger* que irá verificar a mudança de status do item **Failed step of scenario "Google"**. Esse item utiliza a chave **web.test.fail[Google]**. O Zabbix utiliza os valores 0 (zero) para coleta OK e 1 (um) para falha na coleta. Na maneira que configuramos nosso cenário, só aconteceria um erro em caso de falta de conexão com a internet a partir do servidor Zabbix. Para não sair muito do "mundo" do Zabbix e simular uma falha no nosso monitoramento, utilizaremos um recurso do passo do cenário web para ele buscar um termo no site que estamos monitorando. Nesse exemplo, irei inserir o termo "zabbix" no campo **Texto requerido**. Quando o Zabbix identificar o erro na coleta, ele cria mais um item automático que identifica a falha na coleta do monitoramento web. Observe a figura a seguir:

O item de falha mudou de 0 (zero) para 1 (um), pois o monitoramento web não identificou o termo "zabbix" no site monitorado. Por ter ocorrido a falha, automaticamente o Zabbix criou um novo item e gravou o motivo da falha. Ou seja, a mensagem do último erro que ocorreu para esse cenário. Neste caso, o texto de falha é: **required pattern "zabbix" was not found on https://www.google.com.br**.

Agora podemos criar uma *trigger* para alertar sobre esse item. Crie uma *trigger* com a seguinte expressão: **{Meu primeiro host:web.test.fail[Google].last()}=1**

Quando o Zabbix reconhecer o erro, a *trigger* será ativada e o incidente pode ser observado como na figura a seguir:

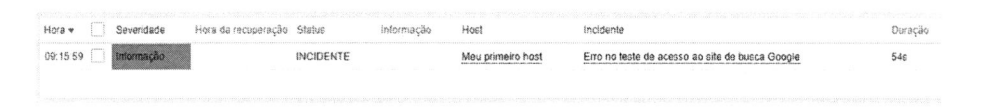

Hora	Severidade	Hora da recuperação	Status	Informação	Host	Incidente	Duração
09:15:59	Informação		INCIDENTE		Meu primeiro host	Erro no teste de acesso ao site de busca Google	54s

13.2. Monitoramento web com múltiplos passos

Para o segundo exemplo, analisaremos algumas tarefas automáticas na interface web do Zabbix. Para isso, testaremos cinco passos:

- Acessar a página de *login*
- Executar *login* com usuário e senha
- Abrir página inicial
- Pesquisar um *host*
- Executar *logoff* do sistema

Antes de configurarmos este monitoramento, precisamos obter detalhes da página que iremos monitorar. Esses detalhes são os recursos utilizados na página que são encontrados em seu código-fonte, como, por exemplo, nome da caixa de texto de usuário e senha e botões de comando.

Para sabermos de quais objetos precisamos obter detalhes para executar a ação de *login* no sistema, precisamos utilizar o recurso do navegador chamado **Inspecionar**. Estou usando a versão 84 do navegador Google Chrome. Na tela principal da interface web do Zabbix, clique com o botão direito do mouse e em seguida selecione 'Inspecionar'.

Clique no botão 'Sources', conforme exibido na figura a seguir:

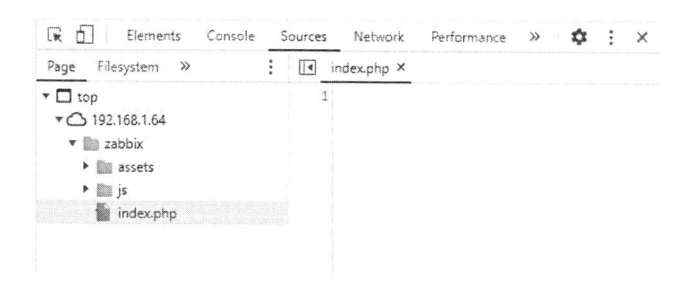

Em seguida, clique em **index.php** e atualize a página no navegador para aparecer o código-fonte da página no painel à direita. Clique no botão **Pretty-print** em azul para ele exibir o código-fonte formatado. Neste painel, obteremos detalhes que usaremos na configuração dos passos para o monitoramento de *login* na interface web do Zabbix. Deverá aparecer conforme a figura a seguir:

Na parte onde está sendo exibido o código-fonte, temos em destaque três itens:

- **name="name"** – Nome do objeto da caixa de texto 'Username' (linha 63)
- **name="password"** – Nome do objeto da caixa de texto 'Password' (linha 67)
- **name="enter"** – Nome do objeto do botão 'Sign in' (linha 77)

Com esses dados coletados, podemos cadastrar nosso monitoramento. Para esse segundo cenário, preencha o formulário com os seguintes dados na aba **Cenário**:

- **Aplicação** – Web Zabbix
- **Nome** – Zabbix
- **Autenticação** – Nenhum
- **Intervalo atualização (em seg)** – 1m
- **Agente** – Zabbix

- **Variáveis** – {usuario}=usuario
- {senha}=123456

Observe que incluímos dados em um novo campo nesse cenário. Apesar de não ser necessário, é interessante utilizarmos variáveis para que possamos aproveitar dados em vários passos, em vez de digitarmos uma mesma informação em várias configurações. Além de ser mais prático, evita erros desnecessários.

Na aba **Passos**, adicionaremos os quatro passos de que precisamos. Preencha os seguintes dados para o primeiro passo:

- **Nome** – Acesso à página de *login* do Zabbix
- **URL** – http://localhost/zabbix/index.php
- **Seguir redirecionamentos** – Marque esta opção
- *Timeout* – 15
- **Código de status necessários** – 200

Para o segundo passo:

- **Nome** – *Login* no Zabbix
- **URL** – http://localhost/zabbix/index.php
- **Tipo de post** – Dado do formulário
- **Campos de postagem**
    - Nome=name, Valor={usuario}
    - Nome=password, Valor={senha}
    - Nome=enter, Valor=Sign in
- **Seguir redirecionamentos** – Marque esta opção
- *Timeout* – 15
- **Código de status necessários** – 200

Para o terceiro passo:

- **Nome** – Apresentação da página inicial
- **URL** – http://localhost/zabbix/zabbix.php?action=dashboard.view
- **Seguir redirecionamentos** – Marque esta opção
- *Timeout* – 15
- **Texto necessário** – Global view
- **Código de status necessários** – 200

Para o quarto passo:

- **Nome** – Pesquisar *host*
- **URL** – http://localhost/zabbix/zabbix.php
- **Campos de consulta**
  - Nome=action, Valor=search
  - Nome=search, Valor=Meu
- **Seguir redirecionamentos** – Marque esta opção
- *Timeout* – 15
- **Texto necessário** – Meu primeiro host
- **Código de status necessários** – 200

Para o quarto e último passo:

- **Nome** – Efetuar *logoff* do Zabbix
- **URL** – http://localhost/zabbix/index.php?reconnect=1
- *Timeout* – 15
- **Código de status necessários** – 200

No segundo passo, temos um novo campo inserido, que é o **Post (Campos de postagem).** Este campo é utilizado para inserirmos ações que serão executadas após o carregamento da página. Neste caso, serão inseridos o nome do usuário e a senha (que foram definidos através das variáveis **usuario** e **senha** configuradas na aba **Cenário** e estão entre chaves) e a simulação de clique no botão 'Sign in' do formulário.

O terceiro passo entrará em execução e fará a verificação através do campo **Texto necessário**. Sendo assim, se usuário ou senha do passo anterior estiverem incorretos, o terceiro passo será falso, pois não encontrará o texto **Global view**, que é um link de acesso a um dos *dashboards* padrões do Zabbix (você pode usar qualquer texto que aparece apenas na tela após o *login* do usuário). Caso usuário e senha estiverem corretos, os próximos passos serão executados. Caso contrário, o quarto e quinto passos ficarão com os status desconhecidos.

O quarto passo executa uma busca pelo termo 'Meu' com o intuito de retornar o *host* **Meu primeiro host**, *host* a que o usuário usado no cenário tem acesso. O diferencial nesse passo é que estamos usando um novo campo que é o **Query fields (Campos da consulta)**. O objetivo desse passo é conseguir dar *match* com o campo **Texto** requerido. Portanto, o passo só será validado se conseguir realizar a busca e o termo pesquisado for encontrado.

O quinto passo é simples e tem o objetivo de efetuar o *logoff* do sistema. Observe no campo **URL** que poderíamos utilizar o campo *query* do formulário. Mas, nesse caso, eu optei por incluir esses campos na própria URL de pesquisa, apenas para demonstrar que é possível utilizar de uma forma diferente e direta.

Nosso cenário está criado e podemos verificar seu monitoramento através do menu **Monitoramento > Hosts**. Busque pelo *host* **Meu primeiro host** e clique no link **web**. Se preferir, utilize a busca do Zabbix para ser mais rápido e direto. A figura a seguir exibe o *status* do nosso cenário.

Passo	Velocidade	Tempo de resposta	Código retornado	Status
Acesso à página de login do Zabbix	7.67 KBps	454ms	200	OK
Login no Zabbix	17.43 KBps	1s 152ms	200	OK
Apresentação da página inicial	27.77 KBps	724ms	200	OK
Pesquisar host	9.3 KBps	46.9ms	200	OK
Efetuar logoff do Zabbix	2.13 KBps	1s 632ms	200	OK
TOTAL		7s 971ms		OK

Após alguns minutos de monitoramento, teremos os seguintes gráficos de velocidade e tempo de resposta:

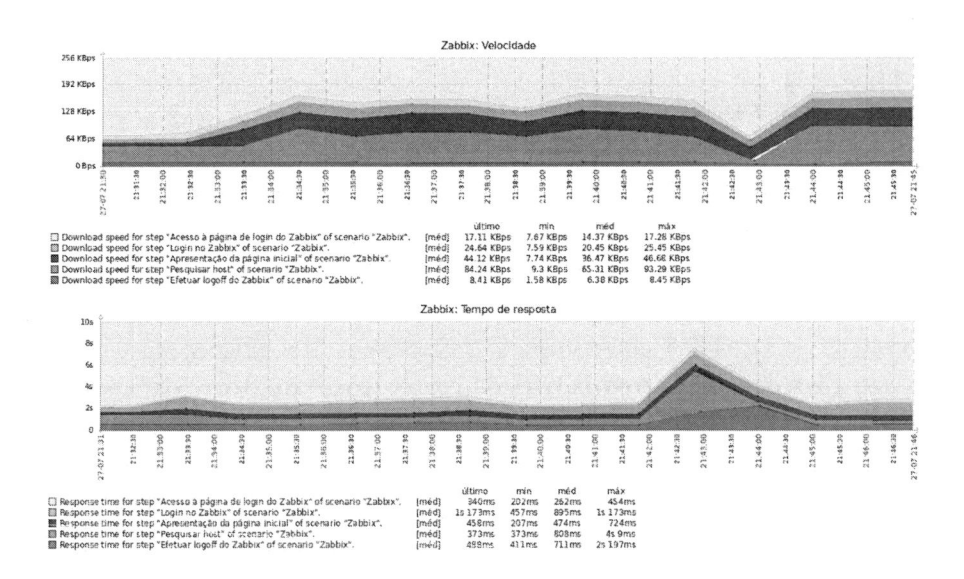

> **CONCLUSÃO**
>
> Vimos, neste capítulo, como o Zabbix é bastante interessante, conseguindo de fato monitorar aplicações web. Mas para isso é importante saber coletar os objetos das páginas ou ter a documentação informando os nomes dos objetos a que precisamos ter acesso. Com o Zabbix é possível ainda fazer um teste de inserção de dados através de um formulário. Isso é muito útil para termos um gráfico do tempo de resposta em cada passo. Por exemplo: se um determinado formulário está demorando a gravar os dados no sistema, a lentidão pode estar ocorrendo no servidor de banco de dados, que pode não estar suportando a carga de dados e gerando lentidão na aplicação web. Esse foi o exemplo que vimos e podemos usar os dados para comparação.

14. Configurando Monitoramento de Serviços de TI

Os Acordos de Nível de Serviço (SLAs) podem ser configurados no Zabbix através do menu **Configuração > Serviços**. O uso deste monitoramento é muito interessante para gerentes de redes verificarem se um determinado serviço está dentro dos padrões acordados com os clientes. Por exemplo: ficou acordado entre a gerência de TI e a gerência de vendas que o sistema de Loja Virtual terá disponibilidade de 99%.

Vamos criar uma nova *trigger* que irá verificar o status do monitoramento web para o site www.google.com.br que fizemos no Capítulo 13. Crie a *trigger* para o *host* **Meu primeiro host** com os seguintes dados:

- **Nome** – Disponibilidade site Google
- **Expressão** – {Meu primeiro host:web.test.rspcode[Google,Acesso ao site Google].last(0)}#200
- **Risco** – Atenção

Esta *trigger* irá analisar o código de retorno da requisição web. Se for diferente de 200, que é o status OK, a *trigger* irá disparar o alerta.

Com a *trigger* funcionando, criaremos um novo serviço de TI, que ficará responsável por calcular o SLA para a disponibilidade do site Google.

Na tela principal de configuração de serviços de TI, nós devemos clicar no link 'Adicionar filho', na linha raiz de serviços, se esse for o primeiro serviço de TI a ser cadastrado. A figura a seguir mostra a tela de cadastro do serviço de TI.

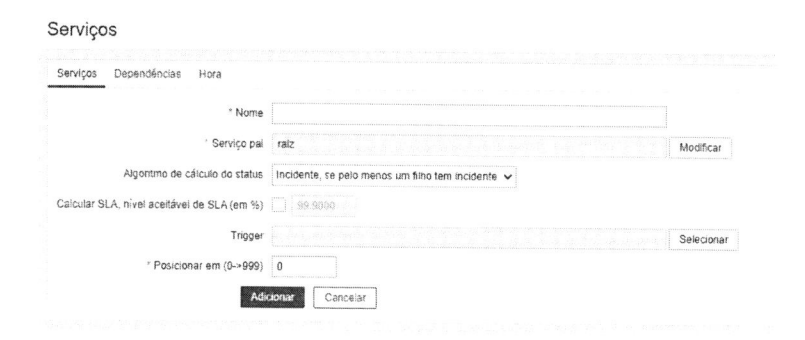

Configurando Monitoramento de Serviços de TI 137

Cadastraremos com os seguintes dados:

- **Nome** – Disponibilidade Google
- **Calcular SLA** – 99
- *Trigger* – Disponibilidade site Google

Com esses dados, já temos um monitoramento básico de serviço de TI, onde será verificada a disponibilidade de acesso para o site www.google.com.br. Como não podemos parar o servidor web do Google nem desconectar a rede deles, vamos simular uma queda do nosso próprio link de internet. Para isso, sugiro editar o monitoramento web e alterar o endereço www.google.com.br para outro endereço que não será resolvido, apenas para o código de retorno ser diferente de 200 e nosso SLA ser alterado.

Após cadastrarmos o serviço de TI, poderemos visualizar seu monitoramento através do menu **Monitoramento > Serviços**, conforme é exibido na figura a seguir:

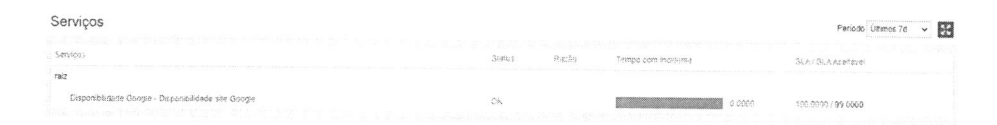

Podemos observar que o SLA está em 100% e o aceitável em 99%, conforme configuramos. Vou alterar a URL do site no cadastro de monitoramento web apenas para o cálculo do SLA ter efeito.

Assim que for detectado o problema pela *trigger*, o SLA sofrerá queda, além da coluna **Status** exibir o nível de severidade do serviço. Observe a figura a seguir:

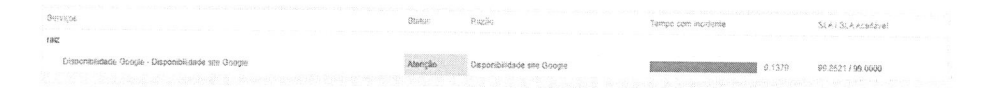

Podemos escolher o período desejado para a análise selecionando-o na caixa disponível no canto superior direito.

Vamos a algumas explicações a respeito dos serviços de TI:

- O campo **Serviço pai** é utilizado quando desejarmos criar uma árvore de serviços com serviços dependentes, chamados filhos.
- A escolha do algoritmo de cálculo do status deve ser bem analisada. Você pode optar por não fazer nenhum cálculo ou analisar os incidentes se pelo menos um filho tiver problema ou se todos os filhos estiverem com problemas.
- Quando você estiver utilizando serviços filhos e o algoritmo escolhido for analisar se todos os filhos estão com problemas, o ideal é você não calcular os SLAs dos serviços filhos e deixar esse cálculo apenas para o serviço pai, já que o SLA só será calculado se ocorrer problemas em todos os serviços filhos ao mesmo tempo.
- O campo **Posicionar em** é utilizado para enfileirarmos os serviços de acordo com a ordem escolhida.
- Na aba **Dependências**, podemos escolher outros serviços de que este serviço depende. Porém, devemos observar se ele já possui dependentes. Caso possua, você deverá marcar a opção **Soft** para criar essa ligação de dependência. É como se fosse um afilhado; você considera como pai.
- Quando criamos um serviço filho e apontamos um serviço pai (com exceção da raiz), automaticamente essa dependência é criada na configuração do serviço pai.
- Não é possível criar dependência de serviços filhos.
- Na aba **Hora** é possível configurar horários específicos de cálculo do serviço de TI. Portanto, é uma boa alternativa se você estiver calculando o SLA de serviços que apenas são importantes em determinado período, como, por exemplo, o horário comercial.

No monitoramento dos serviços de TI, os nomes dos serviços possuem links onde podemos ter um relatório de disponibilidade dos serviços de TI, conforme é exibido na figura a seguir:

Ainda na tela, temos também a opção de selecionarmos o período, que pode ser: diário, semanal, mensal e anual, além do ano desejado.

Na tela de monitoramento de serviços de TI, ao clicarmos no nome da *trigger* relacionada ao serviço, seremos direcionados para a tela de incidentes da *trigger*, onde poderemos verificar quando o evento ocorreu.

Também temos a opção de clicar na barra de progresso da coluna **Tempo com incidente**, onde poderemos ver um gráfico em barras com percentual dos indicadores do SLA.

Outra forma de cadastrar a árvore de serviços do Zabbix é usando sua API. Eu desenvolvi um código escrito em Python para criar automaticamente a árvore de serviços de TI. Você pode encontrar esse código no meu repositório do GitHub no seguinte endereço: <https://github.com/janssenlima/api-zabbix#automatically-create-service-tree>. Basta seguir as orientações para clonar o repositório e rodar o código. É possível criar a árvore de serviços completa com todos os grupos de *hosts* cadastrados no seu ambiente ou selecionar grupos específicos.

> **CONCLUSÃO**
>
> **Vimos neste capítulo que o processo de criação de configuração para monitorar SLA no Zabbix é bem artesanal. Procure automatizar esse processo tirando como base o código que eu mencionei neste capítulo.**

15. Ampliando o Monitoramento com Parâmetros de Usuários

Já sabemos que o Zabbix é um sistema de monitoramento muito completo. Porém, às vezes precisamos ter um monitoramento mais detalhado ou até mesmo personalizado ao nosso ambiente – e, com os itens predefinidos do Zabbix, nós não conseguimos realizar essa coleta específica. O Zabbix disponibiliza em seu arquivo de configuração do agente (**zabbix_agentd.conf**) o parâmetro de configuração **UserParameter**. Ele permite que você execute algum comando para que o Zabbix receba o resultado da execução, ou seja, a métrica que você deseja coletar e testar. A sintaxe para configuração do **UserParameter** é a seguinte:

```
UserParameter=key,command
```

Podemos observar na sintaxe que o **UserParameter** também possui uma chave. Ela deverá ser criada e precisa ser única para utilizarmos na configuração de um novo item. Quando formos cadastrar um novo item para o monitoramento, é essa chave que iremos informar. Vejamos o exemplo a seguir:

```
UserParameter=pegamac,ip link show enp0s3 |grep link | awk '{ print $2 }'
```

Podemos observar que este é um item que existe no Zabbix nativamente com o uso da chave system.hw.macaddr[enp0s3,short]. Porém, para fins de demonstração, estamos criando uma nova chave para pegar o MAC da interface enp0s3 com o uso do recurso **UserParameter**.

Criamos a chave **pegamac**. O comando que será executado vai retornar a MAC da placa de rede **enp0s3**. Vamos fazer um teste com o **zabbix_get** para verificar se está funcionando:

```
# zabbix_get -s localhost -k "pegamac"
```

O resultado será:

```
08:00:27:ae:9e:f6
```

Lembre-se sempre de que, ao alterarmos os arquivos de configuração do Zabbix, devemos reiniciar o serviço. Nesse nosso exemplo estamos alterando o arquivo do agente. Portanto, devemos reiniciar o serviço do agente sempre que fizermos alteração em sua configuração.

> **Obs.:** um comando executado pelo UserParameter poderá retornar no máximo 512 KB de dados para ser processado pelo Zabbix. Ultrapassando este valor, o item será descartado.

Podemos melhorar a funcionalidade do **UserParameter** criando chaves que aceitem mais de um parâmetro. Essa técnica é conhecida como *Flexible* **UserParameter**. Sua sintaxe é a seguinte:

> UserParameter=key[*],command

O símbolo * significa que a chave aceita mais de um parâmetro. Para isso, o comando executado avaliará o valor da chave através de substituição dos parâmetros por $1, $2, $3, ..., $9. Vejamos o exemplo a seguir:

```
UserParameter=pegamac-param[*],ip link show $1 |grep link | awk '{ print $$2 }'
```

Criamos a chave **pegamac**. O comando que será executado vai retornar o endereço MAC da interface de rede passada por parâmetro na chave **pegamac**. Vamos fazer um teste com o **zabbix_get** para verificar se está funcionando:

```
# zabbix_get -s localhost -k "pegamac[enp0s3]"
```

Observe que o parâmetro passado foi **enp0s3**, pois é a interface cujo endereço MAC eu desejo saber. Caso seja passada uma interface que não exista no sistema, será apresentada uma mensagem de erro.

Para criarmos os itens que serão monitorados, devemos seguir o mesmo critério do teste com o comando **zabbix_get**. Se você deseja monitorar a interface **enp0s8**, deverá criar o item com a chave **pegamac[enp0s8]**.

Ao criar o item na interface web do Zabbix você deve considerar o tipo de informação retornada pelo comando usado no **UserParemeter**. Isso é importante para você não receber o item como não suportado quando a coleta for realizada.

Os exemplos demonstrados aqui são bem simples, mas mostram o potencial de flexibilidade que o Zabbix permite para que personalizemos o monitoramento a cada ambiente. Com o uso de **UserParameter** conseguimos monitorar muita coisa.

> **CONCLUSÃO**
>
> Vimos que podemos customizar nosso monitoramento através de UserParameter. Com o uso de UserParameter conseguimos monitorar qualquer serviço, desde que possamos obter informações através da execução de comandos, podendo inclusive ser utilizados *scripts*. Também é de suma importância testar essas customizações antes de cadastrarmos os itens na interface web. O usuário zabbix deve ter permissão para executar tais comandos e *scripts*. Por isso, é recomendado que se use o comando sudo quando necessário.

16. Comandos Remotos

Além da personalização de *scripts* para coleta dos dados dos itens, também podemos criar *scripts* que serão executados diretamente na interface web do Zabbix. A execução destes *scripts* pode ser feita nas telas de **Dashboard**, **Telas** e **Mapas**. O Zabbix já vem com alguns *scripts* configurados, conforme podemos observar na figura a seguir, obtida através do menu **Administração > Scripts**:

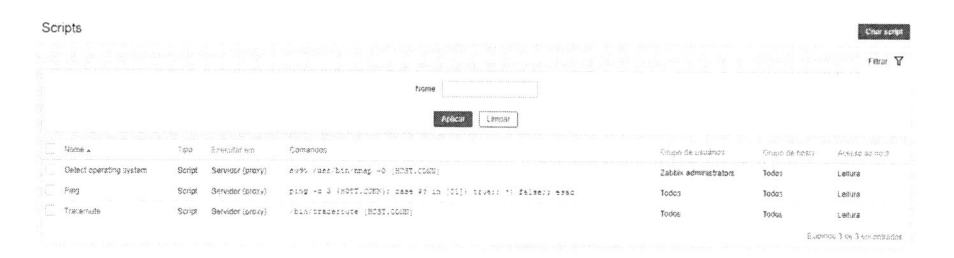

Vamos testar a execução do *script* **Ping** pela tela do mapa que editamos no Capítulo 11. Conforme figura a seguir, clique no nome do *host* **Meu primeiro host**.

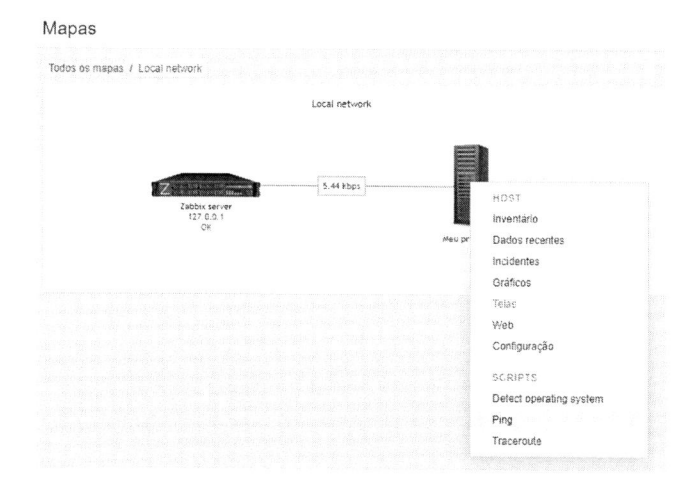

Aparecerá o menu suspenso com os *scripts* cadastrados. Vamos clicar em **Ping** e ver o seu resultado.

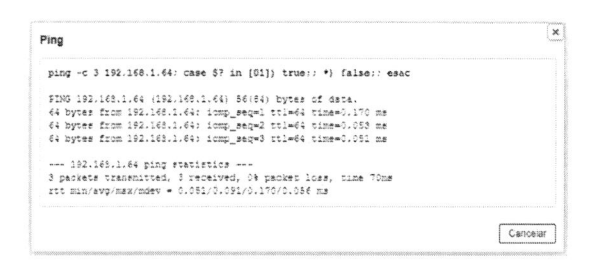

Será exibida uma nova janela com o resultado do comando. Para cadastrarmos um novo *script*, clicamos no botão 'Criar script', através do menu **Administração > Script**. Vamos criar um *script* que executará o comando **uptime** para verificar o tempo que o *host* está no ar. Insira os dados nos campos conforme a seguir:

> **Nome** – *Informações/Uptime*
> **Tipo** – *Script*
> **Executar em** – Agente Zabbix
> **Comandos** – /usr/bin/uptime

O restante dos campos não precisa ser alterado. Podemos salvar as configurações e acessar o mapa novamente para testarmos a execução do *script* para o *host* **Meu primeiro host**.

Observe que no nome do *script* eu adicionei uma barra (/) entre os termos 'Informações' e 'Uptime'. Isso serve para criarmos submenus. Ideal para não ficar com um menu suspenso imenso e bagunçado. Criando submenus, nós organizamos melhor o menu suspenso.

Podemos observar que o nosso *script* já está sendo listado no menu:

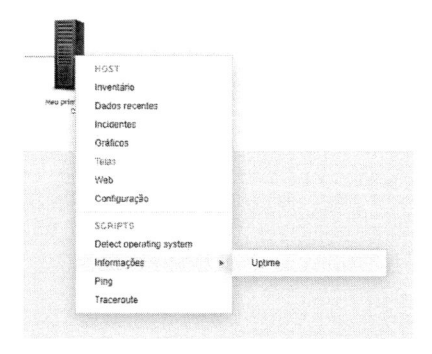

Em uma instalação nova do Zabbix, é bem provável que você vá receber a tela com o seguinte erro:

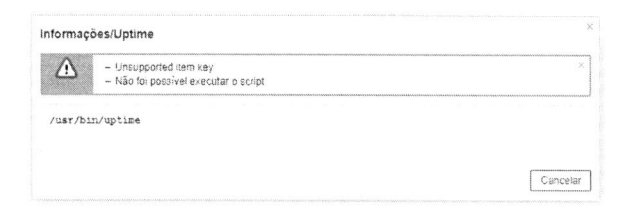

Esse erro ocorre porque, por padrão, o Zabbix bloqueia requisições para a chave **system.run**. Esta chave é responsável por executar comandos no *host*. Para permitir a execução, precisamos permitir a execução do comando no arquivo **zabbix_agentd.conf** no *host* que permitirá a execução de comandos remotos:

```
AllowKey=system.run[uptime]
DenyKey=system.run[*]
```

A inclusão do parâmetro **AllowKey=system.run[uptime]** permitirá a execução remota desse comando e continuará bloqueando a execução de todos os outros comandos remotamente, já que por padrão o parâmetro **DenyKey=system.run[*]** se mantém. Mais detalhes sobre a restrição de checagens de itens podem ser estudados na documentação oficial acessando <https://www.zabbix.com/documentation/current/manual/config/items/restrict_checks>.

Reinicie o serviço do agente do Zabbix e execute o comando usando o submenu criado. A seguir, temos o resultado da execução do *script*.

Outra maneira bastante útil de executarmos comandos remotos é utilizarmos ações para executar comandos quando precisamos, por exemplo, restabelecer um serviço. No Capítulo 7 aprendemos como criar uma ação para mandar uma mensagem. Vamos agora criar uma ação para executar um comando remoto. Comandos remotos podem ser dos seguintes tipos: *script* personalizado, IPMI, SSH, *Telnet* e *script* global (visto neste capítulo). Realizaremos um teste utilizando um *script* personalizado, que neste caso será a execução de um comando.

Executaremos um comando para gravar o texto "parou de funcionar" no arquivo **/tmp/a.txt** quando a *trigger* **Disponibilidade site Google** (visto no Capítulo 14) estiver com problema, ou seja, quando for disparado o alarme de incidente. Acesse o menu **Configuração > Ações** e crie uma nova ação com os seguintes dados:

Na aba **Ação**:

- **Nome** – Execução de comando remoto
- **Condição** – Selecione a *trigger* **Disponibilidade site Google** do *host* **Meu primeiro host** escolhendo o operador **igual**.

Na aba **Operações**:

- **Operação** – Adicione o tipo **Comando remoto**
- **Lista de destinos** – Selecione o *host* **Meu primeiro host**
- **Tipo** – *Script* personalizado
- **Executar em** – Agente Zabbix
- **Comandos** – echo "parou de funcionar" > /tmp/a.txt

O resultado quando a *trigger* for ativada e a ação configurada for executada:

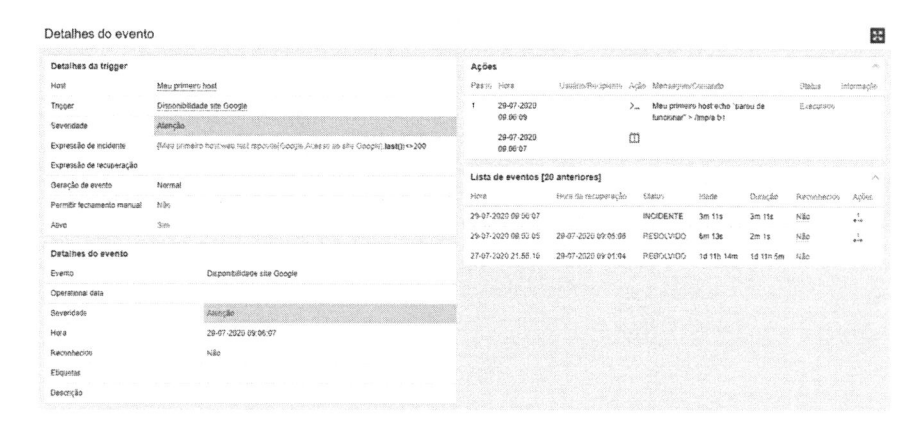

Algumas observações a respeito da execução de comandos remotos:

- Os comandos remotos são executados com o usuário **zabbix**.
- O usuário **zabbix** não tem permissão para executar *scripts* de serviços, como, por exemplo, reiniciar o serviço **sshd**.
- Para os comandos em que o usuário **zabbix** não tiver permissão para execução, esta deverá ser configurada no arquivo **/etc/sudoers**.

➢ Os comandos executados no Zabbix Agent não gravam *log* informando se tiveram sucesso em sua execução. Apenas grava a execução do comando se o parâmetro **LogRemoteCommands** for setado com valor 1.

Vamos a um exemplo para executar um comando remoto para reiniciar um serviço. Digamos que você queira tentar reiniciar o serviço **sshd** toda vez que a *trigger* que verifica esse serviço gerar um incidente. Você terá que dar permissão para o usuário **zabbix** executar o comando **systemctl start sshd**. Para isso, utilizamos o comando **visudo** e incluímos o seguinte conteúdo:

```
zabbix    ALL=(ALL) NOPASSWD: /usr/bin/systemctl start sshd
```

Isso significa que o usuário **zabbix** poderá executar o comando configurado sem o uso de senha. Portanto, ao criarmos a ação, deveremos colocar o seguinte comando:

```
sudo systemctl start sshd
```

A partir dessa configuração, podemos escalonar o envio de mensagens, ou até mesmo a execução de outros comandos remotos, para tentar restabelecer o serviço, caso este não volte a funcionar. É possível automatizar muita coisa e poupar tempo e esforço para resolver muitas tarefas com o Zabbix.

Vale lembrar que o exemplo aqui exposto mostrou apenas a permissão para iniciar o serviço do SSH. Isso faz com que mantenhamos um controle, permitindo ao usuário zabbix apenas executar comando de inicialização do serviço, já que o intuito é verificar se o serviço está parado e através da ação será executado o comando remoto que iniciará o serviço. Sugiro que o leitor estude as opções do sudo para não liberar a execução de serviços desnecessariamente, ainda mais se tratando de automação de tarefas.

> **CONCLUSÃO**
> A utilização de comandos remotos diretamente na interface web do Zabbix é ideal para fazer verificações rápidas, visando identificar pequenos problemas nos *hosts* monitorados, sem a necessidade de logar remotamente nos *hosts* envolvidos.

17. Analisando *Logs* e Interpretando Erros Comuns

O Zabbix possibilita trabalharmos com seis diferentes níveis de *logs*. Os níveis de configuração para os *logs* são:

- **0 – *basic information:*** grava apenas informações sobre inicialização e finalização de processos.
- **1 – *critical information***: grava apenas mensagens de condições críticas.
- **2 – *error information***: grava mensagens de erros. Por exemplo: consultas ao banco de dados que não tiveram sucesso; erro de conexão com o banco de dados etc.
- **3 – *warning***: grava mensagens de advertência que ocorrem no sistema em geral.
- **4 – *debugging***: grava todos os eventos ocorridos. Ideal para análise detalhada.
- **5 – *tracing:*** estende o nível *debugging*, produzindo muito mais informações. Ideal para rastreamento de análise detalhada.

Para alterarmos o nível de configuração do *log*, basta configurarmos o parâmetro **DebugLevel** nos arquivos de configuração do servidor e do agente do Zabbix. Lembre-se de que, a cada alteração nos arquivos de configuração do Zabbix, devemos reiniciar o serviço correspondente. Uma alternativa e que também é uma boa prática é deixar o nível do *log* iniciando sempre no modo padrão, ou seja, nível 3, e usar o controle de tempo de execução dos binários do Zabbix (zabbix_server, zabbix_agent, zabbix_proxy) para aumentar ou diminuir o nível de *log* sem a necessidade de alterar o arquivo de configuração e reiniciar o processo. Para isso, execute o comando conforme o exemplo a seguir para aumentar o nível do *log*:

```
# zabbix_server -R log_level_increase
```

Para diminuir o nível de *log*, execute o seguinte comando:

```
# zabbix_server -R log_level_decrease
```

Importante observar que, quando executamos os comandos apresentados, o Zabbix aumenta o nível de *log* para todos os seus processos. Porém, isso pode ser controlado informando qual dos processos do Zabbix queremos que o nível de *log* seja alterado. Por exemplo, se desejarmos aumentar o nível de *log* do processo **poller** para acompanhar as coletas de checagens passivas (Zabbix Agent, SNMP etc.), executamos o seguinte comando:

```
# zabbix_server -R log_level_increase=poller
```

Esse controle é ideal para não gravarmos informações desnecessárias no *log* e verificarmos detalhes apenas do que precisamos depurar com mais detalhes.

Uma lista completa dos processos do Zabbix Server você encontra acessando a documentação oficial do Zabbix em <https://www.zabbix.com/documentation/current/manual/concepts/server>. Para os processos do Zabbix Agent, acesse <https://www.zabbix.com/documentation/current/manual/concepts/agent>. Para os processos do Zabbix Proxy, acesse <https://www.zabbix.com/documentation/current/manual/concepts/proxy>.

Podemos analisar as entradas do *log* em tempo real utilizando o comando **tail** com a opção **-f**, bastando informar o nome do arquivo. Em uma instalação padrão do Zabbix, os arquivos de *log* estão presentes no diretório **/var/log/zabbix,** que pode conter os arquivos **zabbix_agentd.log** e **zabbix_server.log**, respectivamente, para Zabbix Agent e Zabbix Server. Dependendo da instalação dos recursos utilizados, pode conter *logs* de outros processos. Além de verificarmos possíveis erros que possam acontecer visualizando os arquivos de *logs* do Zabbix, também podemos receber mensagens de erros que são exibidas na interface web. Vejamos alguns exemplos:

A figura a seguir representa um erro que pode acontecer quando o Zabbix Agent recusar a comunicação com o Zabbix Server.

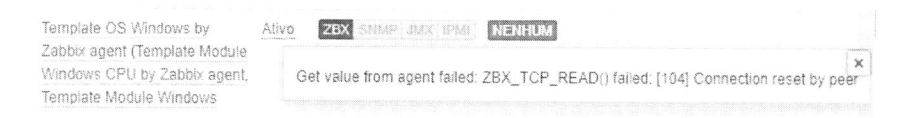

Template OS Windows by Zabbix agent (Template Module Windows CPU by Zabbix agent, Template Module Windows	Ativo	ZBX SNMP JMX IPMI NENHUM
		Get value from agent failed: ZBX_TCP_READ() failed: [104] Connection reset by peer

Isso acontece quando o arquivo de configuração do agente aponta para o IP/DNS de outro servidor. Exemplo: o Zabbix Server 192.168.0.100 tem o *host* cadastrado em sua interface web, porém o parâmetro **Server** do arquivo de configuração do Zabbix Agent está apontando para outro servidor, com IP 192.168.0.50. Ou seja, não adianta o servidor 192.168.0.100 solicitar as informações dos itens cadastrados para o Zabbix Agent do *host*, pois este só irá fechar uma comunicação com o servidor 192.168.0.50.

A figura a seguir representa outro exemplo de mensagem de erro na interface web.

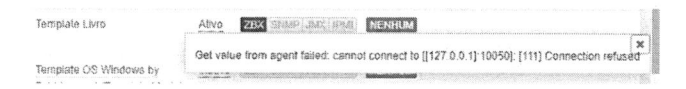

Este erro acontece quando o Zabbix Server não consegue comunicação com o Zabbix Agent. Geralmente acontece quando o serviço do Zabbix Agent está parado ou a porta de comunicação que está configurada no agente está diferente da porta configurada no cadastro do *host* na interface web.

Nosso último exemplo é representado pela figura a seguir:

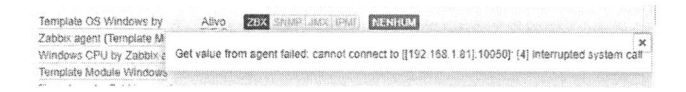

Este erro acontece quando temos um *firewall* bloqueando a comunicação do Zabbix Server com o Zabbix Agent do *host* monitorado.

Teríamos muitos outros exemplos a exibir, porém tenha em mente que erros podem acontecer de formas diferentes de acordo com o ambiente monitorado. Portanto, a dica é analisar cada detalhe do erro e, se possível, fazer uma análise tentando simular o erro com ferramentas disponíveis do próprio Zabbix, como o **zabbix_get** e **zabbix_sender**.

> **CONCLUSÃO**
>
> Vimos neste capítulo que é importante conhecer os níveis de *logs* disponíveis pelo Zabbix para buscar informações dos serviços, identificar erros de coleta, problemas internos dos processos do Zabbix e até mesmo identificar problemas básicos de comunicação de redes.

18. Monitoramento Distribuído com Zabbix Proxy

Quando o objetivo é monitorar ambientes remotos, ou seja, em localidades diferentes (como no caso de matriz e filiais de uma empresa), é recomendado que se utilize em sua estrutura o Zabbix Server no site principal (matriz) e Zabbix Proxy para os sites dependentes (filiais). Conforme foi explicado no tópico 2.4.2, o Zabbix Proxy realiza a coleta de dados de clientes remotos e os envia para o Zabbix Server.

Sem a utilização do Zabbix Proxy em um cenário matriz x filial, o monitoramento corre o risco de ficar sem receber as informações dos *hosts* remotos, pois a comunicação é realizada diretamente dos clientes remotos com o Zabbix Server. Isso porque podem acontecer quedas de links, atraso na comunicação, entre outros fatores. A figura a seguir representa um cenário somente com Zabbix Server com queda de link na comunicação entre matriz e filiais.

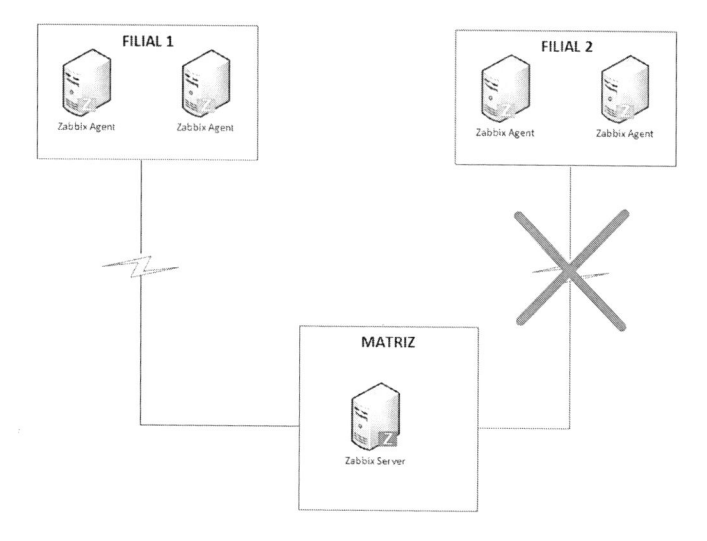

Podemos observar que os dados dos *hosts* da filial 2 não seriam coletados devido à queda de link. Isso acarretaria, por exemplo, em falha na plotagem dos gráficos dos itens que estão sendo monitorados, pois no intervalo em que o link estivesse sem comunicação não haveria coleta de dados.

Vejamos agora um exemplo com a utilização do Zabbix Proxy:

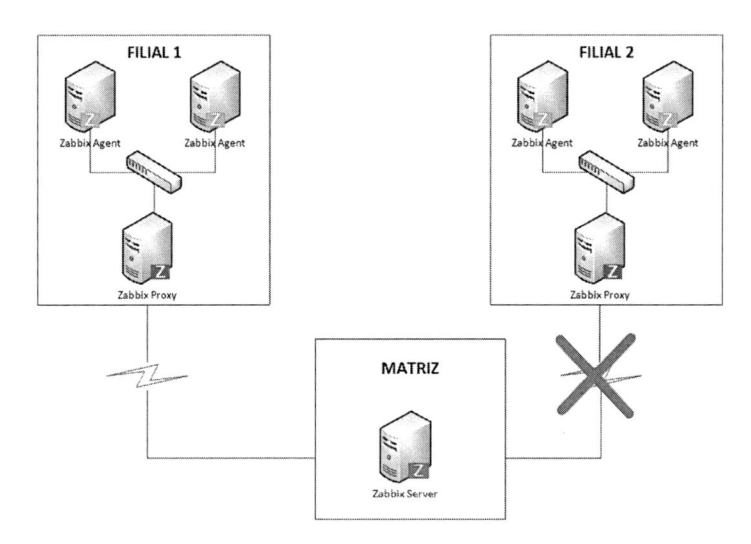

Mesmo com a queda de link entre a matriz e a filial 2, não haveria falha na coleta de dados dos *hosts*, pois o Zabbix Proxy da filial 2 continuaria fazendo a coleta dos itens dos *hosts* clientes e, quando a comunicação for reestabelecida, o Zabbix Proxy enviaria todo o conjunto de dados coletados para o Zabbix Server. Somente no instante em que o link estivesse sem comunicação que os gráficos referentes aos *hosts* da filial 2 estariam com atraso de dados. Porém, para efeito de estatísticas, os dados seriam plotados assim que o Zabbix Server recebesse os dados enviados pelo Zabbix Proxy. Esse processo é conhecido como sincronização de dados com o descarregamento dos dados armazenados em *buffer* pelo Zabbix Proxy.

Não ficando restrito apenas a ambientes entre matriz e filiais, em grandes ambientes geralmente são utilizados vários Zabbix Proxies para segmentar os tipos de coletas. Por exemplo: Proxy para coleta de Zabbix Agent, Proxy para coleta de SNMP, Proxy para coleta de banco de dados etc. Esse tipo de *setup* é interessante para você acompanhar o crescimento do ambiente por tipo de coleta e também pode ser usado para separar estatísticas de performance por segmento de processos de coleta.

Vamos agora realizar a configuração básica para colocar em funcionamento um ambiente com Zabbix Proxy. Lembrando aqui que não estamos preocupados com regras de *firewall* e outros detalhes que estarão presentes em um ambiente de produção.

A máquina onde será instalado o Zabbix Proxy segue praticamente o mesmo padrão de instalação do Zabbix Server, apenas com algumas alterações. O Zabbix Proxy também precisa de um banco de dados para armazenar as informações dos *hosts* monitorados por ele. Porém, não é necessário ter um SGBD robusto para isso. Neste exemplo, utilizaremos o SQLite, que é um banco de dados com baixo consumo dos recursos computacionais e que supre as necessidades do Zabbix Proxy. Obviamente, estamos utilizando um banco de dados suportado pelo Zabbix.

Para instalar os pacotes necessários para funcionamento do Zabbix Proxy, execute os seguintes comandos:

```
# rpm -Uvh https://repo.zabbix.com/zabbix/5.0/rhel/8/x86_64/zabbix-release-5.0-1.el8.noarch.rpm
# dnf clean all
# dnf install zabbix-proxy-sqlite3
```

O próximo passo é criarmos a base de dados no SQLite.

```
# mkdir /var/lib/sqlite
# zcat /usr/share/doc/zabbix-proxy-sqlite3/schema.sql.gz
| sqlite3 /var/lib/sqlite/zabbix.db
```

Dê permissão para o usuário e grupo **zabbix** para a pasta criada:

```
# chown -R zabbix. /var/lib/sqlite
```

Com a base de dados criada para uso do Zabbix Proxy, o próximo passo é fazer a configuração dos parâmetros de configuração no arquivo **/etc/zabbix/zabbix_proxy.conf**. Modifique os parâmetros conforme segue.

```
.
.
.
ProxyMode=0
Server=<IP_ZABBIX_SERVER>
Hostname=<NOME_DO_PROXY_QUE_SERA_CADASTRADO_NO_FRONTEND_DO_ZABBIX>
DBName=/var/lib/sqlite/zabbix.db
```

```
ConfigFrequency=120
.
.
.
```

Com essas informações, já é possível o *host* trabalhar no modo **Proxy**. Observe que configuramos o parâmetro **ProxyMode** para trabalhar no modo ativo. Esse já é o modo padrão. Só especifiquei para explicar sua utilidade. Se desejar que o **Proxy** trabalhe no modo passivo, altere este valor para 1. Por facilidade e exigir menos configurações de liberação de acesso, prefira sempre utilizar o Zabbix Proxy nesse modo. Seu funcionamento é semelhante ao que foi explicado sobre a diferença entre Zabbix Agent passivo *versus* Zabbix Agent ativo.

O valor do parâmetro **Hostname** não precisa ser o mesmo nome configurado no sistema operacional, mas é importante que seja o mesmo nome que será cadastrado na interface do Zabbix, que veremos posteriormente. Para o exemplo que veremos, darei o nome de PROXY-LIVRO.

O parâmetro **ConfigFrequency** define o tempo (em segundos) em que o Zabbix Proxy buscará os dados de configuração no Zabbix Server. Esse parâmetro funciona somente no modo ativo. Para o exemplo usado aqui, eu defini um intervalo curto para não precisar esperar por muito tempo. Em um ambiente de produção, verifique o tempo ideal conforme sua necessidade. Vamos a um exemplo: quando cadastramos um novo *host* no Zabbix e apontamos que este será monitorado por um Zabbix Proxy, a coleta dos dados da monitoração só será iniciada após o Proxy obter a configuração dos *hosts* que precisa monitorar.

Podemos iniciar o serviço.

```
# systemctl start zabbix-proxy
```

Se por algum motivo o serviço não iniciar, verifique se você desativou o SELinux e o serviço do *firewall* conforme vimos no tópico 3.7. Estou levando em consideração que você esteja instalando em ambiente de teste rodando CentOS. Para outras distribuições, verifique detalhes no arquivo de *log* (**/var/log/zabbix/zabbix_proxy.log**) para analisar o motivo do serviço não ter iniciado.

Para cadastrarmos o *proxy*, acessamos o menu **Administração > Proxies**. Clique no botão 'Criar Proxy'. Informe os seguintes dados:

➢ **Nome do** *proxy* – PROXY-LIVRO (o mesmo nome informado no parâmetro **Hostname** do arquivo de configuração **zabbix_proxy.conf**)
➢ **Modo do** *proxy* – Ativo

Podemos salvar a configuração. O cadastro do *proxy* ficará conforme a figura a seguir:

Como podemos observar, assim que o *proxy* se comunicar com o Zabbix Server será atualizada a informação na coluna **Visto pela última vez (tempo)**. Também temos informações de quantidade de *hosts* e itens monitorados pelo *proxy* e sua performance requerida em VPS.

Com isso, o Zabbix Proxy estará funcionando e pronto para ser apontado nos *hosts* que serão monitorados por ele. Inclusive, podemos monitorar o próprio *host* do *proxy* e cadastrá-lo no Zabbix usando um *template* específico. É o que faremos a seguir.

18.1. Instalação do Zabbix Agent2 para coletar informações do *proxy*

Vamos aproveitar a oportunidade para instalar o Zabbix Agent2 para monitorar os dados do nosso *proxy*. Execute o seguinte comando:

```
# dnf install zabbix-agent2
```

Para a configuração do Zabbix Agent2 no servidor destinado ao Zabbix Proxy, basta apenas configurarmos o parâmetro **Server** para que o Zabbix Agent2 funcione para coleta de dados internos do *proxy*. Se você desejar usar monitoramento ativo no agente instalado no Zabbix Proxy, você deve configurar os parâmetros **ServerActive** e **Hostname**. A configuração do Zabbix Agent vai servir como base para a configuração de todos os *hosts* que serão monitorados pelo Zabbix Proxy.

Os parâmetros de configuração do arquivo **zabbix_agent2.conf** que deveremos alterar estão listados a seguir.

```
Server=<IP_ZABBIX_PROXY>
Hostname=<NOME_DO_HOST_QUE_SERA_CADASTRADO_NO_FRONTEND_DO_ZABBIX>
ServerActive=<IP_ZABBIX_PROXY>
```

É importante que o parâmetro Server e ServerActive estejam configurados com o IP listado para a interface de rede do servidor. Se você deixar configurado para o IP da interface *loopback* (127.0.0.1), ocorrerá erro na comunicação entre o processo do Zabbix Proxy e o processo do Zabbix Agent2.

Realizamos toda a configuração necessária no servidor que ficará responsável pelo processo Zabbix Proxy. Agora precisamos cadastrar o *proxy* na interface web do Zabbix Server e também os *hosts* que serão monitorados via *proxy*.

Agora iremos cadastrar um *host* que será monitorado via Zabbix Proxy. Informe os seguintes dados:

- **Nome do *host*** – PROXY-LIVRO
- **Novo grupo de *hosts*** – Proxies
- **Interfaces do agente** – <IP do *host* que será monitorado>
- **Monitorado por *proxy*** – <selecione o *proxy* que você cadastrou>
- **Templates** – *Template* App Zabbix Proxy, *Template* OS Linux by Zabbix Agent

A figura a seguir exibe o cadastro do *host* cadastrado:

Na tela dos *hosts* cadastrados a coluna Proxy é preenchida pelo *proxy* que está monitorando o *host*.

Pronto, acabamos de finalizar todo o processo de monitoramento via Zabbix Proxy, e o seu Zabbix Server estará recebendo todos os itens coletados remotamente via Zabbix Proxy.

18.2. Configurando criptografia no Zabbix Proxy

O Zabbix permite a comunicação com criptografia entre os seus compontes. Vamos configurar a criptografia usando chaves compartilhadas para a comunicação entre o Zabbix Server e o Zabbix Proxy. Os conceitos aqui demonstrados podem ser aplicados para a comunicação entre o Zabbix Agent e o Zabbix Server/Zabbix Proxy. Você também pode usar certificados para realizar essa configuração. Para mais detalhes, acesse a documentação oficial no link <https://www.zabbix.com/documentation/current/manual/encryption>.

Vamos ver a configuração mais simples, que é usando chave compartilhada. Para isso, execute o seguinte comando no *host* que está rodando o Zabbix Proxy:

```
# openssl rand -hex 32
```

Irá retornar a chave PSK para realizarmos a configuração. Uma saída semelhante com a seguir:

```
54f8613a2fc29ba9bed46998e3cdacfc9796d83bc5d062761282cf96e7320883
```

Crie o arquivo **zabbix_proxy.psk** e inclua a chave gerada neste arquivo. Para nosso exemplo, vou criar o arquivo no diretório **/etc/zabbix**. Este arquivo será usado na configuração do Zabbix Proxy. Garanta a segurança do arquivo com a chave PSK para que usuários não autorizados não tenham acesso.

Precisamos editar as configurações do Zabbix Proxy e atualizar os seguintes parâmetros:

```
TLSConnect=psk
TLSPSKFile=/etc/zabbix/zabbix_proxy.psk
TLSPSKIdentity=PSK-LIVRO
```

Para *proxy* no modo passivo, inclua o parâmetro **TLSAccept=psk**.

Reinicie o serviço do Zabbix Proxy.

Agora precisamos alterar a configuração do nosso *proxy* na interface web do Zabbix. Na aba 'Criptografia', insira as informações conforme a figura a seguir:

Após salvar as configurações, observe que o Zabbix identificará que a comunicação está, de fato, sendo realizada via criptografia com chave PSK.

> **CONCLUSÃO**
>
> Vimos como é simples implementar o uso de comunicação com criptografia no Zabbix. Conforme informado anteriormente, para o uso de criptografia no Zabbix Agent, devemos seguir o mesmo processo que usamos para a configuração da comunicação com criptografia usada no Zabbix Proxy.

19. Ferramentas Essenciais de Linha de Comando

Podemos trabalhar com o Zabbix via terminal para realizarmos alguns testes, como, por exemplo, testar a coleta de um determinado item. Este exemplo é um dos mais utilizados, pois, quando criamos um item através do **UserParameter**, é uma boa prática testar seu funcionamento antes mesmo de realizarmos sua configuração na interface web.

Existem alguns comandos no Zabbix para trabalharmos via terminal. Veremos os principais a seguir.

19.1. zabbix_server

É o núcleo do sistema, o *daemon* responsável por executar o servidor. Por padrão, o **zabbix_server** é executado sem parâmetros, pois vai utilizar as opções padrões para subir o serviço. Quando o serviço do Zabbix Server é invocado, ele chama o binário **zabbix_server**, que busca as configurações no arquivo **/etc/zabbix/zabbix_server.conf**. Após ler o arquivo de configuração, ele determina quais configurações deverão ser utilizadas para o serviço, como, por exemplo, quantos *pollers* HTTP deverão ser utilizados. Se desejarmos fazer algum teste e não comprometermos o arquivo de configuração principal, podemos alterar as configurações em uma cópia do original e executar o **zabbix_server** com o parâmetro **-c**, para especificarmos esse arquivo alternativo. Por exemplo:

```
# zabbix_server -c /tmp/zabbix_server_alterado.conf
```

É importante salientar que devemos especificar o caminho completo do arquivo. Raramente executamos este comando manualmente, pois sua execução fica a cargo do *daemon*. Vale ressaltar também que você não deve executar esse comando com um arquivo de configuração alternativo se ele estiver apontado para a mesma base de dados. Jamais faça isso em ambiente de produção.

Para uma lista completa dos parâmetros suportados para execução utilize: **zabbix_server -h** ou acesse <https://www.zabbix.com/documentation/current/manual/concepts/server>.

19.2. zabbix_agentd

É o *daemon* para monitoramento dos parâmetros de vários servidores. Este comando possui mais opções que o **zabbix_server**, porém utiliza a mesma lógica com o seu arquivo de configuração.

Algumas opções interessantes deste comando são **-p** e **-t**. A opção **-p** é utilizada para imprimirmos os itens conhecidos que podem ser configurados para coleta de dados. Por exemplo: se desejarmos obter uma lista dos itens que possuem chaves que o Zabbix não está conseguindo coletar, podemos executar o seguinte comando:

```
# zabbix_agentd -p | grep ZBX_NOTSUPPORTED
```

Teremos o seguinte retorno:

```
log[logfile]                      [m|ZBX_NOTSUPPORTED]
logrt[logfile]                    [m|ZBX_NOTSUPPORTED]
eventlog[system]                  [m|ZBX_NOTSUPPORTED]
system.cpu.util[all,user,avg1]    [m|ZBX_NOTSUPPORTED]
```

Logicamente, esses são os itens não suportados no servidor que eu testei. Sua lista pode sofrer alterações.

A opção **-t** realiza um teste em um item, ou seja, faz a consulta com a chave do item e retorna o seu valor, caso seja suportado. Vejamos o exemplo a seguir:

```
# zabbix_agentd -t agent.version
```

Este comando vai testar a chave **agent.version** e retornará a versão do agente do Zabbix instalado no servidor.

```
agent.version                     [s|5.0.0]
```

Para uma lista completa dos parâmetros suportados para execução utilize: **zabbix_agentd -h** ou acesse <https://www.zabbix.com/documentation/current/manual/concepts/agent>.

19.3. zabbix_agent2

É o *daemon* para a versão 2 do Zabbix Agent. Sua utilização é similar ao **zabbix_agent**, incluindo os parâmetros opcionais.

Para uma lista completa dos parâmetros suportados para execução utilize: **zabbix_agent2 -h** ou acesse <https://www.zabbix.com/documentation/current/manual/concepts/agent2>.

19.4. zabbix_get

É um utilitário para a obtenção de dados a partir de um Zabbix Agent remoto. Tem a mesma característica do **zabbix_agentd** quando utilizado com a opção **-t**, porém o **zabbix_get** pode fazer consultas em *hosts* remotos. Um exemplo básico seria:

```
# zabbix_get -s 127.0.0.1 -p 10050 -k "agent.version"
```

Onde:

- **-s** – Nome do *host* ou endereço IP.
- **-p** – Número da porta TCP em que o Zabbix Agent está em execução.
- **-k** – Chave do item cujo valor desejamos recuperar.

É interessante ressaltar que, se passarmos uma chave inexistente, predefinida pelo Zabbix ou criada via **UserParameter**, o retorno do comando **zabbix_get** será **ZBX_NOTSUPPORTED**.

> Obs.: para conseguir coletar valores das chaves dos itens de *hosts* remotos, é necessário que, no arquivo de configuração do agente, o IP do *host* em que você estiver executando o comando zabbix_get esteja listado no parâmetro Server do arquivo de configuração.

19.5. zabbix_sender

É um utilitário para envio de dados para um Zabbix Server remoto, atuando em modo ativo. Este comando lê os parâmetros do servidor a partir do arquivo de configuração do agente. Os parâmetros lidos são: **Hostname**, **ServerActive** e **SourceIP**. Um exemplo básico seria:

```
# zabbix_sender -c /opt/zabbix/etc/zabbix_agentd.conf -s
"TesteLivro" -k system.cpu.load -o 0.290000
```

Onde:

> - **-c** – Especifica o arquivo de configuração do Zabbix Agent.
> - **-s** – Informa o nome do *host* para o Zabbix Server armazenar o valor no banco de dados.
> - **-k** – Especifica a chave do item que está enviando dados.
> - **-o** – O valor coletado que será enviado para o Zabbix Server.

Para um exemplo de uso do **zabbix_sender**, deixo aqui um link para um vídeo onde demonstro como efetuar a monitoração de pacotes desatualizados em sistemas baseados em Linux Debian. Acesse <https://www.youtube.com/watch?v=PZJ9R9bW598&t>.

19.6. zabbix_proxy

É o *daemon* usado para coletar dados remotos. Possui as mesmas características do **zabbix_server**, com a diferença de ler em seu arquivo de configuração o parâmetro **Server**, no qual especificamos o endereço IP ou *hostname* do servidor que receberá os dados transmitidos. Raramente executamos este comando manualmente, pois sua execução fica a cargo do *daemon*.

Para uma lista completa dos parâmetros suportados para execução utilize: **zabbix_agentd -h** ou acesse <https://www.zabbix.com/documentation/current/manual/concepts/proxy>.

> **CONCLUSÃO**
>
> As ferramentas de linha de comando do Zabbix são ideais para controlar processos sem a necessidade de reiniciar os serviços e também são de extrema importância para realizar testes para envio e coleta de informações.

20. Monitoramento SNMP

O Zabbix possui suporte nativo ao protocolo SNMP (*Simple Network Management Protocol*) em todas as versões. Este protocolo é utilizado para gerenciar recursos de rede, tais como: *switches*, roteadores, impressoras, entre outros dispositivos. O Zabbix o utiliza para monitorar os ativos de rede que não têm suporte à instalação do seu agente e dos quais precisa de informações mais detalhadas, não apenas verificar se o equipamento está respondendo ou não na rede. Hoje em dia, praticamente todo dispositivo que vem instalado com uma interface de rede possui suporte ao protocolo SNMP. Sendo assim, podemos afirmar que não existe recurso de rede que não possa ser monitorado pelo Zabbix.

Podemos obter informações de um dispositivo com suporte ao protocolo SNMP utilizando dois modos: SNMP e SNMP TRAP.

20.1. SNMP

Neste modo, o dispositivo a ser monitorado trabalha como um servidor SNMP e o Zabbix, como um cliente SNMP. Isso porque o Zabbix envia uma consulta ao servidor SNMP, que retorna o resultado. Essa comunicação acontece na porta 161/UDP representada na figura a seguir.

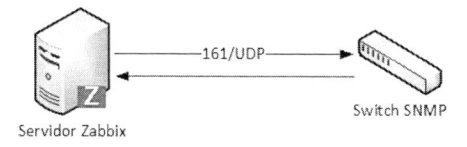

20.2. SNMP TRAP

Neste modo, o dispositivo a ser monitorado trabalha como um agente SNMP. Ele fica responsável por enviar os *status* dos itens para o Zabbix, que fica aguardando as informações. Essa comunicação acontece na porta 162/UDP, representada na figura a seguir:

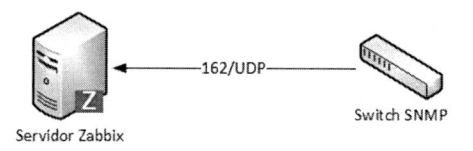

[Servidor Zabbix ←—162/UDP—— Switch SNMP]

20.3. Instalação do pacote SNMP

Para fazermos consultas aos parâmetros de que um dispositivo SNMP dispõe, precisamos instalar os pacotes que contêm os aplicativos necessários para requisitar as informações registradas. No servidor do Zabbix, devemos instalar o pacote **net-snmp-utils** executando o seguinte comando:

```
# dnf install net-snmp-utils -y
```

20.4. Consultando informações de dispositivos SNMP

As informações retornadas de dispositivos SNMP ocorrem através de consultas a objetos presentes em uma base de informações presente no dispositivo suportado. Essa base é conhecida com MIB – *Management Information Base*. MIB é uma base de dados hierárquica que contém os objetos gerenciados pelo dispositivo. Esses objetos possuem características específicas e são conhecidos como OID – *Object Identifier*. Cada objeto expõe as informações que podem ser consultadas. São essas informações que usamos para monitorar os dispositivos SNMP.

Existe um padrão de objetos gerenciados que foi definido na RFC-1213. Esta RFC definiu a segunda versão da MIB que ficou conhecida como MIB-II. Você pode consultar o documento dessa RFC em <https://tools.ietf.org/html/rfc1213>. Cada fabricante de dispositivos que incluir suporte a SNMP pode estender os seus objetos usando sua própria MIB, que é conhecida como *Enterprise* MIB ou *Private* MIB (podemos chamá-las também de MIB proprietária). Porém, de acordo com a RFC-1213, os objetos padrões devem ser incluídos em sua árvore. Isso significa que um objeto padrão não pode ter seu identificador alterado entre os fabricantes de dispositivos. Por exemplo: os OIDs **sysDescr**, **Sysname**, **ifDescr**, **IfSpeed** etc. não devem ser alterados entre os fabricantes. Já os OIDs de MIBs proprietárias são exclusivos de cada fabricante.

Não é a proposta desta obra ensinar o uso do SNMP. Serão demonstrados apenas comandos básicos para obter informações de dispositivos para cadastro dos itens que serão monitorados. Para uma imersão no mundo SNMP, eu sugiro a leitura do livro "Essential SNMP" (Douglas R. Mauro e Kevin J. Schmidt). Não tem livro mais completo para estudar sobre esse assunto. Leitura obrigatória para quem for monitorar dispositivos SNMP.

Agora que tivemos uma explicação rasa sobre o SNMP, vamos para um exemplo básico. Consultaremos informações de uma impressora HP LaserJet 4700dn. Para obtermos a lista com todos os parâmetros disponíveis de um dispositivo, executamos o seguinte comando:

```
# snmpwalk -c public -v2c <IP_HOST>
```

Obteremos muitas informações, conforme pode ser observado no exemplo a seguir:

```
SNMPv2-MIB::sysDescr.0 = STRING: HP ETHERNET MULTI-ENVIRONMENT,ROM
none,JETDIRECT,JD128,EEPROM V.28.63,CIDATE 04/07/2006
SNMPv2-MIB::sysObjectID.0 = OID: SNMPv2-SMI::enterprises.11.2.3.9.1
DISMAN-EVENT-MIB::sysUpTimeInstance = Timeticks: (21485954) 2
days, 11:40:59.54
SNMPv2-MIB::sysContact.0 = STRING:
SNMPv2-MIB::sysName.0 = STRING: hp4700
SNMPv2-MIB::sysLocation.0 = STRING:
SNMPv2-MIB::sysServices.0 = INTEGER: 64
IF-MIB::ifNumber.0 = INTEGER: 2
IF-MIB::ifIndex.1 = INTEGER: 1
IF-MIB::ifIndex.2 = INTEGER: 2
IF-MIB::ifDescr.1 = STRING: HP ETHERNET MULTI-ENVIRONMENT,ROM
none,JETDIRECT,JD128,EEPROM V.28.63
IF-MIB::ifDescr.2 = STRING: HP ETHERNET MULTI-ENVIRONMENT,ROM
none,JETDIRECT,JD128,EEPROM V.28.63
IF-MIB::ifType.1 = INTEGER: ethernetCsmacd(6)
IF-MIB::ifType.2 = INTEGER: softwareLoopback(24)
IF-MIB::ifMtu.1 = INTEGER: 1500
IF-MIB::ifMtu.2 = INTEGER: 32768
IF-MIB::ifSpeed.1 = Gauge32: 10000000
IF-MIB::ifSpeed.2 = Gauge32: 1384397016
IF-MIB::ifPhysAddress.1 = STRING: 0:1b:78:15:50:3d
IF-MIB::ifPhysAddress.2 = STRING:
IF-MIB::ifAdminStatus.1 = INTEGER: up(1)
```

```
IF-MIB::ifAdminStatus.2 = INTEGER: up(1)
IF-MIB::ifOperStatus.1 = INTEGER: up(1)
IF-MIB::ifOperStatus.2 = INTEGER: up(1)
IF-MIB::ifLastChange.1 = Timeticks: (1384397016) 160 days, 5:32:50.16
```

Recomenda-se direcionar a saída do comando para um arquivo para poder verificar todos os parâmetros coletados. Uma boa fonte de consulta é o manual do dispositivo, que mostrará em detalhes o que é cada parâmetro. Se você não possuir essas informações em mãos, terá que ir descobrindo aos poucos, buscando referências em sites como <http://www.oidview.com/mibs/detail.html> ou por software (<http://www.oidview.com/mibbrowser.html>) que exibe os objetos das MIBs navegando pela árvore como se fosse um explorador de arquivos. Sabendo o parâmetro que você deseja consultar, podemos fazer a consulta para retornar apenas a informação desejada, conforme exemplo a seguir:

```
# snmpget -v2c -c public 192.168.1.101 mib-2.43.10.2.1.4.1.1
SNMPv2-SMI::mib-2.43.10.2.1.4.1.1 = Counter32: 41603
```

O exemplo anterior busca o parâmetro que informa a quantidade de impressões realizadas.

20.5. Cadastrando o item para monitoramento

Com posse das informações que coletamos do dispositivo, já podemos cadastrar o item que será utilizado para fazer o monitoramento desse parâmetro. Vamos cadastrar o item com as seguintes informações:

- **Nome** – Páginas impressas
- **Tipo** – Agente SNMPv2
- **Chave** – paginasImpressas
- **SNMP OID** – mib-2.43.10.2.1.4.1.1
- **Comunidade** – public

Podemos deixar o restante das informações que vêm por padrão. Aqui, o importante é saber a versão do protocolo SNMP que o dispositivo suporta. Neste exemplo, a impressora HP LaserJet 4700dn suporta a versão 2 do protocolo. A chave nós podemos escolher um valor qualquer (que não seja a mesma chave de outro item presente no *host*), e o SNMP OID deve ser o próprio objeto que desejamos monitorar, assim como a comunidade de consulta. É um espelho do comando **snmpwalk**. O que o Zabbix faz é pegar as informações cadastradas no item e executar o comando que coleta a informação do objeto.

Se você não tem em mãos o manual do dispositivo e não conhece os objetos a serem coletados, uma forma de coletar informações de dispositivos SNMP é associar o dispositivo ao *template* **Template Net Network Generic Device SNMPv2**, que possui regras de descoberta com alguns protótipos de itens.

Além de dispositivos SNMP, também podemos monitorar sistemas com o uso de SNMP. Em todas as empresas em que atuei até hoje na minha carreira, sempre encontrei sistemas Linux sendo monitorados via SNMP. Em algumas empresas, é um legado difícil de ser migrado para o uso do agente do Zabbix devido a encontrar resistência das equipes envolvidas. É um trabalho de formiguinha que demora. Mas dá resultado. Já peguei casos de consultoria onde a empresa não queria monitorar alguns servidores com o uso do agente do Zabbix e só permitiria o uso de SNMP. Há casos e casos. Portanto, reservei um espaço neste capítulo para demonstrar a coleta de informações do Linux usando SNMP.

Vamos usar o *host* que está trabalhando como Zabbix Proxy para instalar o pacote **net-snmp**. Lembre-se de que estou usando a distribuição CentOS 8.

```
# dnf install net-snmp
```

Após instalar o pacote, edite o arquivo **/etc/snmp/snmpd.conf** e inclua o seguinte conteúdo no final do arquivo:

```
view    systemview    included    .1.3.6
```

Inicie o serviço **snmpd**.

```
# systemctl start snmpd
```

Não vou entrar em detalhes de configuração dos objetos que serão retornados na consulta. A linha que adicionamos no arquivo de configuração é suficiente para retornar todas as informações de que precisamos com o uso do *template* **Template OS Linux SNMPv2**.

Vamos testar a configuração executando o seguinte comando:

```
# snmpwalk -v2c -c public localhost Memory
```

A saída do comando deverá ser parecida com a seguir:

```
UCD-SNMP-MIB::memIndex.0 = INTEGER: 0
UCD-SNMP-MIB::memErrorName.0 = STRING: swap
UCD-SNMP-MIB::memTotalSwap.0 = INTEGER: 839676 kB
UCD-SNMP-MIB::memAvailSwap.0 = INTEGER: 829876 kB
UCD-SNMP-MIB::memTotalReal.0 = INTEGER: 488848 kB
UCD-SNMP-MIB::memAvailReal.0 = INTEGER: 35812 kB
UCD-SNMP-MIB::memTotalFree.0 = INTEGER: 865688 kB
UCD-SNMP-MIB::memMinimumSwap.0 = INTEGER: 16000 kB
UCD-SNMP-MIB::memShared.0 = INTEGER: 1332 kB
UCD-SNMP-MIB::memBuffer.0 = INTEGER: 1148 kB
UCD-SNMP-MIB::memCached.0 = INTEGER: 229584 kB
UCD-SNMP-MIB::memTotalSwapX.0 = Counter64: 839676 kB
UCD-SNMP-MIB::memAvailSwapX.0 = Counter64: 829876 kB
UCD-SNMP-MIB::memTotalRealX.0 = Counter64: 488848 kB
UCD-SNMP-MIB::memAvailRealX.0 = Counter64: 35812 kB
UCD-SNMP-MIB::memTotalFreeX.0 = Counter64: 865688 kB
UCD-SNMP-MIB::memMinimumSwapX.0 = Counter64: 16000 kB
UCD-SNMP-MIB::memSharedX.0 = Counter64: 1332 kB
UCD-SNMP-MIB::memBufferX.0 = Counter64: 1148 kB
UCD-SNMP-MIB::memCachedX.0 = Counter64: 229584 kB
UCD-SNMP-MIB::memSwapError.0 = INTEGER: noError(0)
UCD-SNMP-MIB::memSwapErrorMsg.0 = STRING:
```

Caso você não receba essa saída, verifique os passos anteriores. Se você não recebeu o retorno com as informações de memória do sistema, provavelmente você receberá uma saída como a seguir:

```
UCD-SNMP-MIB::memory = No more variables left in this MIB View
(It is past the end of the MIB tree)
```

Isso reforça que você não inseriu a configuração sugerida anteriormente ou pode ter esquecido de reiniciar o serviço **snmpd**.

Usamos o comando **snmpwalk** para descobrir OIDs presentes no sistema. Para retornar uma OID específica, também podemos usar o comando **snmpget**. Observe:

```
# snmpget -v2c -c public localhost UCD-SNMP-MIB::memTotalReal.0
UCD-SNMP-MIB::memTotalReal.0 = INTEGER: 488848 kB
```

Observe que temos quatro informações na saída do comando, que eu destaquei em negrito. A primeira informação é o OID do objeto que consultamos. A segunda informação vem depois do símbolo igual (=) e exibe o tipo de dado do objeto. A terceira informação retorna o valor da informação, que é a quantidade de memória presente no sistema. E, por último, temos a unidade utilizada pela informação em Kb.

A informação que precisamos cadastrar em um item do Zabbix é o seu OID. Eu sempre prefiro usar no cadastro do item o OID usando sua numeração em vez de utilizar seu nome. Para você pegar a numeração de um OID, basta inserirmos o parâmetro **-On** no comando executado. Vejamos:

```
# snmpget -On -v2c -c public localhost UCD-SNMP-MIB::memTotalReal.0
.1.3.6.1.4.1.2021.4.5.0 = INTEGER: 488848 kB
```

Vamos agora cadastrar um *host* no Zabbix para coletar as informações do Linux usando SNMP. Cadastre o *host* conforme mostrado na figura a seguir:

Interessante verificar que precisamos cadastrar uma interface do tipo SNMP, selecionar sua versão e também inserir a comunidade SNMP a ser utilizada. Nesse exemplo estamos usando a macro **{$SNMP_COMMUNITY}** que tem o seu valor como **public**, o mesmo nome utilizado na configuração padrão do SNMP que iremos consultar no Linux. O nome da comunidade está definido no arquivo de configuração **/etc/snmp/snmpd.conf**. Associe o *template* **Template OS Linux SNMPv2** e salve as configurações para o *host*. Se tudo estiver certo, o status de disponibilidade do seu *host* deverá estar conforme mostrado na figura a seguir:

Observe que o ícone SNMP estará destacado.

> **CONCLUSÃO**
>
> **Vimos como é bem simples monitorar dispositivos SNMP com Zabbix. Sua configuração é muito tranquila. Com a mudança da Zabbix SIA em desenvolver *templates* mais específicos e tentando torná-los *templates plug and play*, quase não precisamos fazer ajustes para o monitoramento SNMP. Logicamente, você deverá ajustar macros de *community*, intervalo de coleta e as regras de descoberta. Às vezes, não é interessante descobrir interfaces ou serviços que não devem ser monitorados em seu ambiente. Isso deve ser levado em consideração ao incluir qualquer *template* em seu ambiente de produção, não somente *templates* de SNMP.**

21. Monitoramento IPMI

O *Intelligent Platform Management Interface* (IPMI) é um padrão usado para gerenciar um sistema de computador e monitorar seu funcionamento. Seu desenvolvimento foi liderado pela Intel e hoje em dia é suportado por mais de duzentos fabricantes de hardware.

Seu funcionamento não depende de um sistema operacional, o que permite que os administradores gerenciem remotamente os recursos de hardware antes mesmo de ter iniciado o sistema operacional. Podemos monitorar diversos sensores via IPMI, tais como: temperaturas do sistema, voltagens, ventoinhas (*fan*), fontes de alimentação, intrusão do chassi etc.

Uma interface IPMI coleta as informações utilizando sensores, que são os responsáveis por disponibilizar essas informações em tempo real.

Um hardware que possui IPMI disponibiliza uma interface web para gerenciamento remoto. Exemplos são: IMM, da IBM; iLO, da HP; DRAC, da Dell etc.

Antes de fazermos qualquer tipo de configuração IPMI no Zabbix, precisamos saber quais sensores precisamos monitorar. Mas como sabemos quais sensores de determinado hardware conseguimos monitorar? Se você não tiver o manual do hardware informando como acessar essas informações, precisaremos executar alguns comandos no *shell* do GNU/Linux.

No GNU/Linux, existe um pacote disponível chamado **ipmitool**. Este pacote está disponível nos repositórios da distribuição CentOS. Para outras distribuições, faça uma busca apenas com o parâmetro **ipmi**. Utilize o YUM ou DNF para instalar o pacote, pois ele é necessário para fazermos consultas dos sensores em um *host* que possui interface IPMI.

Execute o seguinte comando:

```
# dnf install ipmitool -y
```

Agora testaremos o alvo, ou seja, enviaremos uma requisição para o servidor que iremos monitorar via IPMI para sabermos quais sensores estão disponíveis para monitoramento.

```
# ipmitool -H <ip_interface_ipmi> -U <usuario> -P <senha> sdr
```

Se quisermos obter mais detalhes, tais como nível não crítico, nível crítico e fatal, podemos executar o seguinte comando:

```
# ipmitool -H <ip_interface_ipmi> -U <usuario> -P <senha> sensor
```

Existem outras maneiras de executar o comando **ipmitool** para exibir as informações dos sensores de uma interface IPMI. Seu leque de opções é extenso e é possível obter informações mais detalhadas. Isso pode ser verificado consultando o manual do comando.

Demonstramos como consultar os sensores disponíveis para que possamos fazer um monitoramento dos sensores IPMI. O Zabbix possui monitoramento nativo para interfaces IPMI. Agora que já aprendemos a consultar os sensores, vamos cadastrar nosso monitoramento IPMI no Zabbix.

Antes, precisamos verificar se o Zabbix Server foi instalado com suporte a monitoramento IPMI. Caso você esteja seguindo o material apresentado nesta obra, você terá uma saída parecida com a apresentada a seguir:

```
1359:20200525:064523.816 Starting Zabbix Server. Zabbix 5.0.0
(revision 9665d62db0).
  1359:20200525:064523.943 ****** Enabled features ******
  1359:20200525:064523.943 SNMP monitoring:            YES
  1359:20200525:064523.943 IPMI monitoring:            YES
  1359:20200525:064523.943 Web monitoring:             YES
  1359:20200525:064523.944 VMware monitoring:          YES
  1359:20200525:064523.944 SMTP authentication:        YES
  1359:20200525:064523.944 ODBC:                       YES
  1359:20200525:064523.944 SSH support:                YES
```

```
1359:20200525:064523.944 IPv6 support:               YES
1359:20200525:064523.944 TLS support:                YES
1359:20200525:064523.944 ******************************
```

Esse é o trecho do *log* do Zabbix Server que exibe as *features* habilitadas. Como podemos observar, o suporte a IPMI está habilitado.

O próximo passo é habilitar a opção para monitoramento IPMI no arquivo de configuração **zabbix_server.conf**. Para isso, remova o comentário da linha **StartIPMI-Pollers=0**, e modifique seu valor paa 1, ficando **StartIPMIPollers=1**. Após salvar o arquivo, reinicie o serviço do Zabbix Server.

```
# systemctl restart zabbix-server
```

O exemplo que será exibido neste capítulo foi coletado de um servidor IBM System x3550 M3. Os sensores que utilizaremos no exemplo são **Ambient Temp** e **Fan 1A Tach**. O sensor **Ambient Temp** coleta a temperatura ambiente onde o servidor está instalado, e o sensor **Fan 1A Tach** coleta a velocidade da **Fan 1** instalada no servidor.

Vamos às configurações. Acesse a configuração do *host* em que você deseja fazer o monitoramento IPMI. Na aba **Host**, clique no link 'Adicionar' do campo **Interfaces** e selecione **IPMI**. Informe o IP ou nome DNS da interface IPMI e deixe a porta 623, que é a porta padrão deste protocolo (modifique caso você tenha padronizado a porta de acesso da interface IPMI). A figura a seguir exibe esse painel:

O próximo passo é incluirmos as demais informações na parte das configurações **IPMI**, ainda dentro das configurações do *host* que será monitorado. Aqui, deveremos escolher o algoritmo de autenticação e o nível de privilégio, além de informarmos o usuário e a senha para acesso. Nesse exemplo, para ter acesso ao servidor informado anteriormente, utilizaremos o algoritmo **Padrão** e o usuário **Admin**. Lembrando que essas configurações devem estar de acordo com a configuração que você fez na interface IPMI do seu servidor. A figura a seguir exibe as opções da aba **IPMI**.

Agora temos o servidor habilitado a realizar o monitoramento IPMI e podemos criar os itens para o monitoramento. As chaves dos itens que criamos são personalizadas, pois o que importa para monitorarmos uma interface IPMI são os sensores. Neste caso, crie chaves com as quais você pode identificar cada sensor. Vamos criar um item para o sensor **Ambiente Temp** com os seguintes dados:

- **Nome** – Temperatura Ambiente
- **Tipo** – Agente IPMI
- **Chave** – ipmi.ambient.temp
- **Sensor IPMI** – Ambient Temp
- **Tipo de informação** – Numérico (fracionário)
- **Unidades** – C

O objetivo desse item é monitorar a temperatura ambiente do local onde o *host* está fisicamente instalado. Criaremos mais um item com os seguintes dados:

- **Nome** – Velocidade FAN 1A
- **Tipo** – Agente IPMI
- **Chave** – ipmi.fan.1a.tach
- **Sensor IPMI** – Fan 1A Tach
- **Tipo de informação** – Numérico (fracionário)
- **Unidades** – RPM

Este item monitora a velocidade em RPM da ventoinha cujo sensor é **FAN 1A Tach**. O ideal é você verificar no manual do hardware qual é o elemento que o sensor está monitorando, justamente para essa informação não ficar vaga.

Agora criaremos uma *trigger* para alertar caso a temperatura ambiente passe de 40° C. Ainda na tela de configuração do *host*, crie uma nova *trigger* com os seguintes dados:

- **Nome** – Temperatura ambiente está acima do padrão
- **Expressão** – {Meu primeiro livro:ipmi.ambient.temp.last(0)}>40

Assim que o Zabbix Server começar a coletar os itens configurados e a temperatura for maior que 40°, a *trigger* irá disparar o alerta. Obviamente, esta *trigger* pode ser melhorada, como, por exemplo, fazendo uma verificação entre duas temperaturas e se esta temperatura está neste valor por determinado tempo. O recomendado é que você configure a *trigger* de acordo com os níveis de criticidade que o seu servidor recomenda. Esta informação está disponível no manual do seu hardware.

A partir dos itens e *triggers* criados, podemos incrementar o monitoramento configurando o envio de alertas por e-mail ou mensagens instantâneas. O monitoramento IPMI é importante, pois ajuda a resolver problemas que estão fora do alcance de um administrador de rede, como por exemplo: variação de tensão de entrada na fonte de alimentação; temperatura ambiente oscilando por defeito no sistema de ar-condicionado etc. Esse tipo de informação é de grande valor para as equipes de manutenção elétrica, seja em grandes *data centers* como também em pequenas instalações.

22. Integrações

Com a nova fase que vivenciamos nos últimos anos na área de TI, com a inclusão de cultura ágil, técnicas e ferramentas *DevOps*, a Zabbix SIA precisou começar a seguir esse ritmo insano de lançamentos de ferramentas. Com isso, precisou introduzir a integração de diversas ferramentas com o Zabbix.

Esse caminho pela Zabbix SIA começou a partir do lançamento da versão 4.2. Até essa versão, o que encontrávamos eram integrações desenvolvidas por membros da comunidade, que muitas vezes codificavam e criavam *templates* para integrações que não tinham suporte oficial. Isso gerava uma certa desconfiança por parte dos novos usuários que descobriam o Zabbix, pois ele parecia ser uma ferramenta antiga, que não se adaptava às novas tecnologias que surgem em uma velocidade absurda. A Zabbix SIA entendeu isso e se adaptou, criando *templates* que utilizam integração nativa com diversas tecnologias.

Para uma lista completa de integrações, acesse: <https://www.zabbix.com/integrations>. Neste link você vai encontrar diversas integrações, sejam elas criadas pela própria Zabbix SIA ou por empresas terceiras e até mesmo colaboradores da comunidade usuária do Zabbix.

Vou demonstrar algumas dessas integrações neste capítulo.

22.1. Prometheus

Prometheus é o software de monitoramento queridinho dos projetos que nascem atualmente baseados em *cloud*. Não por acaso, é um projeto graduado pela CNCF (*Cloud Native Computing Foundation*) na categoria de observabilidade e análise. Ele grava métricas em tempo real em um banco de dados de séries temporais usando um modelo de recepção HTTP. Cada um dos registros capturados e armazenados são identificados exclusivamente por seu nome de métrica e pares chave-valor chamados rótulos.

O Prometheus permite que qualquer software exponha métricas para ele capturar e armazenar em seu banco de dados. Para isso, o Prometheus tem um padrão de modelo de dados e métricas baseado no formato OpenMetrics.

Desenvolvedores podem instrumentar métricas de seu aplicativo para expor para o Prometheus. Existem várias bibliotecas e servidores que ajudam na exportação de métricas existentes de sistemas de terceiros como métricas do Prometheus. Isso é útil nos casos em que não é possível instrumentar um determinado sistema com métricas do Prometheus diretamente.

O que o administrador do Zabbix deve levar em consideração com a integração com o Prometheus é que ela é feita usando o HTTP Agent nativo do Zabbix, com o intuito de coletar as informações exportadas no formato do Prometheus. Ou seja, o Zabbix não irá consultar a API do Prometheus ou fazer coletas em sua base de dados. A integração faz requisições HTTP para um *endpoint* que a aplicação ou o sistema expõe para o próprio Prometheus. Com a integração nativa do Zabbix com esse formato, também é possível fazer a coleta desses dados. Geralmente as aplicações expõem as métricas no caminho **/metrics**. Exemplo: http://<url_aplicação>/metrics.

Neste tópico veremos dois exemplos de integração. No primeiro exemplo instalaremos o Node Exporter em um servidor Linux e usaremos o *template* **Template OS Linux by Prom** para coletar as métricas do Linux. No segundo exemplo iremos monitorar as métricas expostas pelo Grafana. Porém, neste caso, iremos criar nossos próprios itens para coletar as métricas.

22.1.1. Coletando métricas do Node Exporter

Neste tópico realizaremos a instalação do Node Exporter em uma distribuição Linux Debian 10. Antes de cadastrarmos nosso *host* e aplicarmos o *template*, vamos fazer a instalação do Node Exporter. O Node Exporter é um projeto que está hospedado no repositório do Prometheus no GitHub e pode ser acessado em <https://github.com/prometheus/node_exporter>.

Iniciaremos as configurações criando o usuário **node_exporter** com o seguinte comando:

```
# useradd --no-create-home --shell /bin/false node_exporter
```

Em seguida baixamos o pacote no repositório do projeto:

```
# wget https://github.com/prometheus/node_exporter/releases/
download/v1.0.1/node_exporter-1.0.1.linux-amd64.tar.gz
```

Descompacte o pacote:

```
# tar node_exporter-1.0.1.linux-amd64.tar.gz
```

Copie o binário **node_exporter** para o diretório **/usr/local/bin** e mude o dono do arquivo:

```
# cp node_exporter-1.0.1.linux-amd64/node_exporter /usr/local/bin/
# chown node_exporter: /usr/local/bin/node_exporter
```

Em seguida, crie o serviço para o Node Exporter, editando o arquivo **/etc/systemd/system/node_exporter.service**, e insira o seguinte conteúdo:

```
[Unit]
Description=Node Exporter
Wants=network-online.target
After=network-online.target

[Service]
User=node_exporter
Group=node_exporter
Type=simple
ExecStart=/usr/local/bin/node_exporter

[Install]
WantedBy=multi-user.target
```

Habilite e inicie o serviço para o Node Exporter:

```
# systemctl daemon-reload

# systemctl enable node_exporter

# systemctl start node_exporter
```

Com o serviço iniciado, podemos acessar pelo navegador o endereço http://<ip--servidor>:9100/metrics. Caso a página não carregue, verifique se o serviço subiu sem problemas.

Podemos agora cadastrar nosso *host* e associar o *template* mencionado anteriormente.

O item principal deste *template* é o **Get node_exporter metrics**. Este item faz a requisição via Agent HTTP e serve de base para os demais itens dependentes, inclusive para as regras de descoberta (LLD) que buscam os dispositivos de bloco, sistemas de arquivos e interfaces de redes presentes no sistema.

Comparando performance entre um agente passivo com coletas via Node Exporter, prefira usar as coletas via Node Exporter. Isso se torna atrativo devido ao Zabbix usar menos *poller* para coletar as métricas. O contra pode ser ter que administrar mais uma ferramenta para ser instalada nos *hosts* monitorados. Porém, o mesmo acontece com o uso do Zabbix Agent. É uma escolha a ser considerada. Portanto, verifique os prós e contras entre as possibilidades que o Zabbix disponibiliza.

22.1.2. Coletando métricas do Grafana

A integração listada do Grafana no site de integrações do Zabbix não é a que eu irei demonstrar aqui. A integração listada no site diz respeito à instalação do *data source* do Zabbix para permitir acessar os dados de monitoração pelo Grafana.

O que eu vou abordar neste tópico é a monitoração do Grafana, onde podemos coletar as métricas expostas no formato do Prometheus. Portanto, usaremos um exemplo simples com um item para coletar as métricas expostas pelo Grafana. Esse item servirá de base para usarmos um LLD como item dependente desse principal, que fará um pré-processamento para filtrar elementos da métrica **grafana_api_response_status_total**, que possui métricas separadas por:

- ➢ API response status code 200
- ➢ API response status code 404
- ➢ API response status code 500
- ➢ API response status code unknow

Esses quatro itens também serão dependentes do item principal. Isso é bom porque o Zabbix irá fazer apenas uma requisição por vez e tratar as outras métricas via pré-processamento.

Vamos criar um novo *host* e adicionar o item principal e também a regra de LLD e um *item prototype*. Como se trata de um exemplo simples, não vou me preocupar em criar um *template* específico para isso. Fique à vontade para iniciar um *template* com esses itens.

O item principal a ser criado é do tipo HTTP Agent. Insira os seguintes dados no cadastro desse item:

- **Nome** – Get Grafana API metrics
- **Tipo** – Agente HTTP
- **Chave** – status.code
- **URL** – http://<ip-grafana>:3000/metrics
- **Código de status requerido** – 200
- **Tipo de informação** – Texto
- **Intervalo de coleta** – 3m

Observe a URL pela qual o Zabbix fará a requisição. Altere o IP do *host* que está rodando o Grafana. Se desejar, digite essa URL em seu navegador e você obterá um resultado como o mostrado na figura a seguir:

```
# TYPE grafana_api_models_dashboard_insert_total counter
grafana_api_models_dashboard_insert_total 0
# HELP grafana_api_org_create_total api org created counter
# TYPE grafana_api_org_create_total counter
grafana_api_org_create_total 0
# HELP grafana_api_response_status_total api http response status
# TYPE grafana_api_response_status_total counter
grafana_api_response_status_total{code="200"} 0
grafana_api_response_status_total{code="404"} 0
grafana_api_response_status_total{code="500"} 0
grafana_api_response_status_total{code="unknown"} 0
# HELP grafana_api_user_signup_completed_total amount of users who completed the signup flow
# TYPE grafana_api_user_signup_completed_total counter
grafana_api_user_signup_completed_total 0
# HELP grafana_api_user_signup_invite_total amount of users who have been invited
# TYPE grafana_api_user_signup_invite_total counter
grafana_api_user_signup_invite_total 0
# HELP grafana_api_user_signup_started_total amount of users who started the signup flow
# TYPE grafana_api_user_signup_started_total counter
grafana_api_user_signup_started_total 0
# HELP grafana_aws_cloudwatch_get_metric_data_total counter for getting metric data time series from aws
# TYPE grafana_aws_cloudwatch_get_metric_data_total counter
grafana_aws_cloudwatch_get_metric_data_total 0
# HELP grafana_aws_cloudwatch_get_metric_statistics_total counter for getting metric statistics from aws
# TYPE grafana_aws_cloudwatch_get_metric_statistics_total counter
grafana_aws_cloudwatch_get_metric_statistics_total 0
# HELP grafana_aws_cloudwatch_list_metrics_total counter for getting list of metrics from aws
# TYPE grafana_aws_cloudwatch_list_metrics_total counter
```

Cortei a parte de interesse nesta figura. Observe que, logo abaixo do quinto item com o símbolo usado para comentário, temos os itens de nosso interesse para o monitoramento em questão.

Vamos agora criar o item do LLD com os seguintes dados:

- **Nome** – Get API status code
- **Tipo** – Item dependente

- **Chave** – api.status.code
- **Item mestre** – Get Grafana API metrics
- **Aba Pré-processamento:**
  - **Nome** – Prometheus to JSON
  - **Parâmetros** – grafana_api_response_status_total{code=~".*"}
- **Aba LLD macros:**
  - **LLD macro** – {#CODE}
  - **JSONPath** – $.['labels'].['code']
  - **LLD macro** – {#HELP}
  - **JSONPath** – $. $.['help']
  - **LLD macro** – {#METRIC}
  - **JSONPath** – $.['name']

Nossa regra de descoberta irá usar o item principal criado anteriormente e tratar o retorno da requisição com a configuração presente na aba pré-processamento. Observe o que está presente no campo parâmetro. Esse campo irá buscar o termo exato **grafana_api_response_status_total** e tudo o que tiver **code=***. Ou seja, se você analisar a figura anterior, verá que obteremos os quatro itens listados no início do tópico. Esse tipo de pré-processamento transforma o formato do Prometheus em formato JSON. Assim, o Zabbix consegue trabalhar para fazer o tratamento dos *items prototypes*, pois criaremos macros de LLD com os dados presentes na saída desse JSON. Observe que criamos três LLD macros na configuração da nossa regra de descoberta.

Outra informação muito importante. Você vai observar que ao trabalharmos com HTTP Agent, pré-processamento, seja com Prometheus ou dados estruturados com JSON, precisaremos entender bastante de algumas ferramentas. E eu sugiro fortemente que você estude as seguintes:

- **JSON Lint:** <http://jsonlint.com/>
- **JSON Path:** <http://jsonpath.com/>
- **Regex101:** <https://regex101.com/>

Voltando ao assunto da nossa monitoração, chegou a hora de criar nosso *item prototype*. Insira os seguintes dados:

- **Nome** – API response status code {#CODE}
- **Tipo** – Item dependente
- **Chave** – grafana[{#METRIC}.{#CODE}]

- **Item mestre** – Get Grafana API metrics
- **Tipo de informação** – Numérico (inteiro sem sinal)
- **Aba Pré-processamento:**
  - **Nome** – Prometheus pattern
  - **Parâmetros** – {#METRIC}{code="{#CODE}"}

Pronto. Temos nossso protótipo de item cadastrado. Se você observar, usamos as macros de LLD criadas na nossa regra de descoberta para substituí-las em vários campos utilizados em nosso protótipo de item. Vale ressaltar que na aba de pré-processamento estamos utilizando um tipo que não está presente em uma regra de descoberta. Neste caso, estamos utilizando o tipo específico para a integração nativa com Prometheus. Se você ligar os pontos (as macros, nesse caso), irá observar que o protótipo de item serve para montar a expressão que precisamos pesquisar para retornar a informação que queremos monitorar.

Temos nosso monitoramento coletando as métricas de acordo com a regra de descoberta que configuramos. A figura a seguir exibe a coleta das métricas:

	Host	Nome ▲	Última checagem	Último valor	Modificaç
▼	Grafana	Metrics (4 itens)			
	☐	API response status code 200	07-08-2020 20:03:48	93	+43	Gráfico
	☐	API response status code 404	07-08-2020 20:03:48	0		Gráfico
	☐	API response status code 500	07-08-2020 20:03:48	0		Gráfico
	☐	API response status code unknown	07-08-2020 20:03:48	2	+1	Gráfico

Exibindo 4 de 4 encontrado

22.2. Servidores web

Veremos agora um exemplo de uma integração nativa do Zabbix do servidor web Apache presente no site de integrações. Essa integração funciona com o uso de Zabbix Agent, HTTP Agent e *scripts* de terceiros. Veremos o seu funcionamento mais simples e nativo possível, usando HTTP Agent, que exige o mínimo de configuração. Encontramos os passos dessa integração acessando <https://www.zabbix.com/integrations/apache#tab:official2>.

Para o funcionamento dessa integração, precisamos adicionar uma configuração no Apache para que seja possível fazer requisições para o Apache retornar as estatísticas de uso e performance do servidor web.

O servidor Apache expõe métricas por meio de seu módulo **mod_status**. Se o seu servidor estiver funcionando e o **mod_status** estiver habilitado, a página de status do seu servidor deve estar disponível em http://<ip-servidor>/server-status. Se esse link não funcionar, significa que você precisa habilitar o **mod_status** em seu arquivo de configuração.

Para habilitar o módulo, edite o arquivo de configuração do Apache. No CentOS 8, o caminho é **/etc/httpd/conf/httpd.conf**. Insira o seguinte conteúdo no final do arquivo:

```
<IfModule mod_status.c>
    ExtendedStatus On
    <Location "/server-status">
        SetHandler server-status
        Allow from all
    </Location>
</IfModule>
```

Em seguida, reinicie o serviço do Apache:

```
# systemctl restart httpd
```

Agora podemos criar um *host* e associar o *template* **Template App Apache by HTTP**. Uma característica essencial desse *template* é que ele utiliza pré-processamento para transformar os dados da requisição em JSON. Observe, mais uma vez, que não existe mágica. O Zabbix simplesmente faz uma requisição HTTP e transforma a resposta para o formato em JSON. Assim, dentro do padrão esperado, conseguimos extrair os dados das métricas mais facilmente usando JSONPath. A figura a seguir exibe imagens de dois gráficos gerados a partir da coleta das métricas do monitoramento do servidor web Apache:

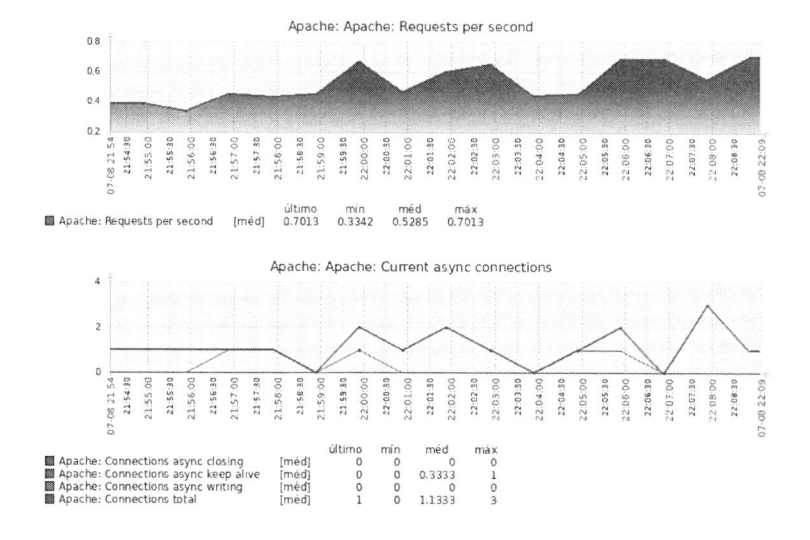

22.3. Banco de dados

Neste tópico iremos monitorar o próprio banco de dados do Zabbix utilizando a integração nativa do Zabbix com o monitoramento ODBC. Faremos um pequeno ajuste em alguns itens do *template* para incluir o parâmetro **connection string**, que por padrão não vem configurado no *template* **Template DB MySQL by ODBC**.

Precisamos instalar o pacote com o *driver* para conectar ao MySQL. Execute o seguinte comando:

```
# dnf install mariadb-connector-odbc
```

Observe que eu instalei o *driver* do MariaDB. Neste caso não teremos problema, pois os *drivers* são compatíveis. Para quem não sabe, o MariaDB é um *fork* do MySQL. Usei a forma mais simples de instalar o pacote, pois este já se encontra nos repositórios do CentOS. Se desejar instalar o *driver* específico para MySQL, sugiro fazer pelo site <https://dev.mysql.com/downloads/connector/odbc/>.

Após fazer a instalação do *driver*, acessaremos a console do MySQL para criar o usuário para fazer o monitoramento. Esse usuário executará as *queries* em nosso banco de dados a ser monitorado.

```
mysql> CREATE USER 'zbx_monitor'@'%' IDENTIFIED BY '<password>';
mysql> GRANT USAGE,REPLICATION CLIENT,PROCESS,SHOW
DATABASES,SHOW VIEW ON *.* TO 'zbx_monitor'@'%';
```

Com nosso usuário criado e com as permissões definidas, vamos fazer um ajuste nos itens do tipo **Monitoração de Banco de Dados** presentes no *template* **Template DB MySQL by ODBC**.

Você deverá alterar a configuração de três itens, duas regras de descoberta e dois protótipos de itens. Cada item alterado deverá ser substituído conforme o exemplo:

De: db.odbc.get[get_status_variables,"{$MYSQL.DSN}"]

Para: db.odbc.get[get_status_variables, ,"Driver=/usr/lib64/libmaodbc.so;Database=mysql;Server=127.0.0.1;Port=3306"]

Observe que retiramos a macro **{$MYSQL.DSN}** e incluímos a *connection string*. A chave **db.odbc.get** tem o seguinte padrão:

```
db.odbc.get[<unique short description>,<dsn>,<connection string>]
```

Então, quando retirarmos a macro do **{$MYSQL.DSN}**, precisaremos manter duas vírgulas entre a descrição da chave e o campo de *connection string*. Opcionalmente, você pode deixar a macro **{$MYSQL.DSN}** (ou o nome do DSN) quando incluir o *connection string*. Automaticamente o Zabbix irá ignorar o DSN. Porém, para não causar confusão, melhor remover essa informação que não será usada.

Essas mudanças precisam ser realizadas porque nós iremos fazer a monitoração usando *connection string*. Usando *connection string*, nós eliminamos a configuração do arquivo **/etc/odbc.ini**. É menos componente para administrar no ambiente de monitoração. Caso seja do seu interesse usar a conexão por DSN (*Data Source Name*), ou seja, inserindo as configurações de conexão das bases de dados usando o arquivo **odbc.ini**, eu sugiro que você dê uma olhada em um projeto que desenvolvi na equipe em que eu trabalho no Grupo Globo. Esse projeto está disponível no GitHub (<https://github.com/globocom/Zabbix2ODBC>) e sincroniza as configurações dos arquivos **odbc.ini** e **tnsnames.ora** com as macros nos *hosts* de monitoramento de banco de dados.

Podemos agora cadastrar um *host* no Zabbix e associar o *template* **Template DB MySQL by ODBC**.

Após cadastrar o *host*, acesse suas configurações e clique na aba **Macros**. Altere os valores das seguintes macros:

- {$MYSQL.PASSWORD} = zbx-livro
- {$MYSQL.USER} = zbx_monitor

Tudo pronto para o monitoramento. Se você for em dados recentes, suas métricas do banco de dados estarão sendo exibidas e teremos informações sobre a saúde do MySQL e até informações de tamanho das bases de dados presentes no sistema.

A figura a seguir exibe dois gráficos do monitoramento que acabamos de aplicar:

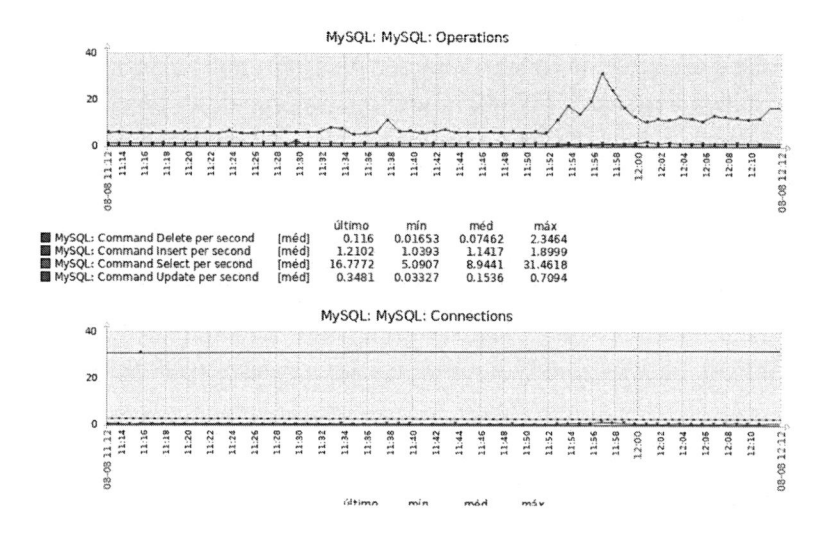

22.4. Webhook

Umas das novidades que surgiu no Zabbix foi a integração nativa via *webhook* com alguns sistemas. A lista completa dos *webhooks* suportados você encontra acessando o menu **Administração > Tipos de mídia**. Também pode acessar <https://www.zabbix.com/documentation/current/manual/config/notifications/media/webhook> para visualizar a lista. Na documentação há link para todas as integrações disponíveis e como aplicar a configuração no Zabbix.

Neste tópico, veremos como fazer a integração com o Telegram.

Primeiro, precisamos fazer o *setup* no Telegram. Isso significa que teremos que criar um *bot* no Telegram que ficará responsável por receber e encaminhar nossos alertas do Zabbix.

Caso você não saiba o que é Telegram, acesse <https://telegram.org/> para conhecer, fazer o seu cadastro e baixar o aplicativo.

Já no aplicativo do Telegram ou pela interface web (<https://web.telegram.org/>), procure por **@BotFather**. Esse é o *bot* principal do Telegram e é por ele que criaremos o nosso *bot* para fazer essa integração.

Para criar um novo *bot*, enviamos uma mensagem para o **BotFather**:

```
/newbot
```

O **BotFather** responderá pedindo um nome para o seu *bot*. Insira um nome para o seu *bot*:

```
ZabbixLivroBot
```

O **BotFather** responderá pedindo um nome de usuário o seu *bot*. Insira um nome de usuário para o seu *bot*:

```
ZabbixLivro_Bot
```

Por fim, o **BotFather** responderá com o *token* de acesso para você acessar seu *bot* pela API do Telegram.

Guarde esse *token* para a configuração da mídia Telegram no Zabbix.

A figura a seguir exibe o processo de criação do nosso *bot*.

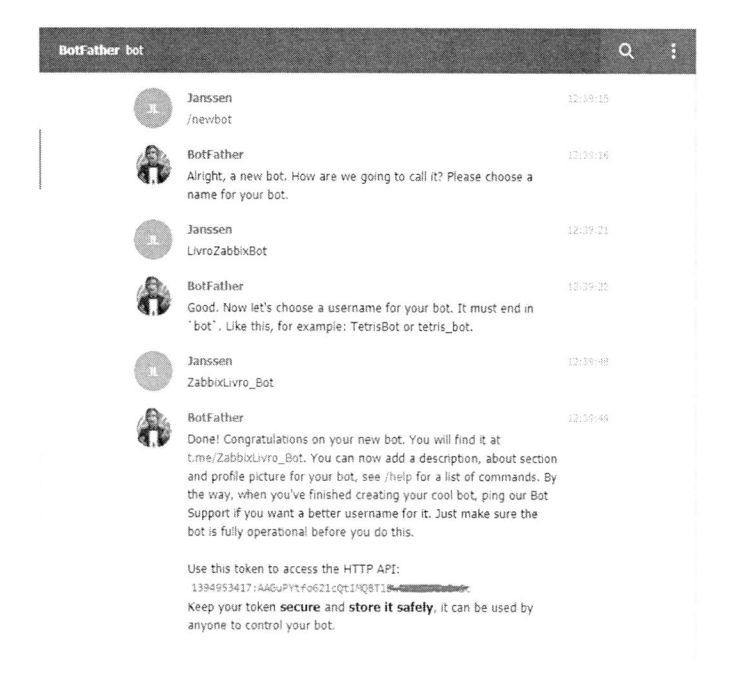

Existem duas maneiras de enviarmos alertas no Telegram: para um usuário específico ou para um grupo de usuários.

Para enviar alertas para um usuário, precisamos obter o ID do *chat* do usuário para o qual o *bot* deve enviar as mensagens.

Procure pelo *bot* **@myidbot** e envie a seguinte mensagem:

```
/getid
```

Ele retornará seu ID de usuário.

Em seguida, envie '/start' para o *bot* criado. Isso deve ser executado por todos usuários que desejam receber mensagens do *bot*. Se você pular esta etapa, o *bot* do Telegram não será capaz de enviar mensagens para o usuário.

Agora vamos configurar um grupo para receber as mensagens do nosso *bot*. Crie um novo grupo no Telegram e adicione o seu *bot* (criado anteriormente) e também adicione o **@myidbot**. Dê um nome para o seu grupo. Para o exemplo do livro, eu criei um grupo chamado **Alertas Livro Zabbix**. Acesse o *chat* do grupo e digite:

```
/getgroupid@myidbot
```

Não pule essa etapa também. Caso contrário, você não receberá os alertas no *chat* do grupo.

A figura a seguir mostra o grupo criado e os comandos executados no *chat* do grupo.

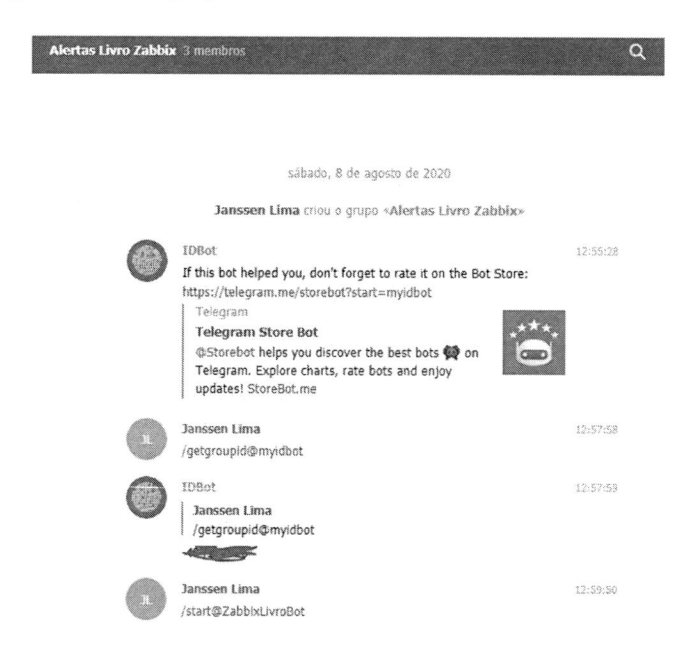

Finalizamos aqui o *setup* no Telegram. Vamos agora fazer o *setup* no Zabbix.

O Zabbix já possui uma mídia chamada Telegram. Iremos inserir as configurações nessa mídia. Basicamente, você só precisa inserir o *token* que o **BotFather** gerou no campo 'Token' da mídia 'Telegram' no Zabbix, conforme exibe a figura a seguir:

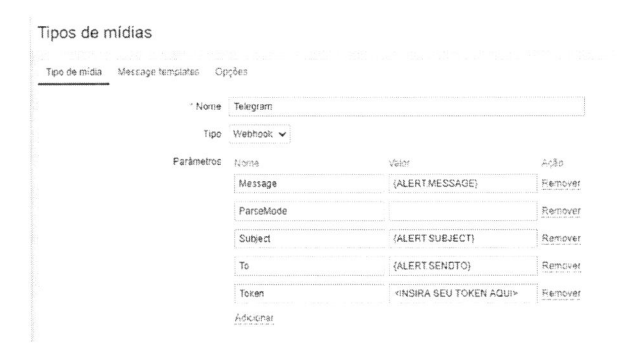

Após inserir seu *token*, salve as alterações na mídia. Na tela de listagem das mídias, clique em **Testar** na linha referente à mídia do Telegram. Abrirá uma tela para você inserir algumas informações, conforme a seguir:

- **ParseMode** – Markdown
- **Subject** – **TESTE LIVRO**
- **Message** – `Testando alerta para o bot`
- **To** – Insira aqui o ID do usuário ou o ID do grupo que receberá o teste

A figura a seguir mostra que o teste foi realizado com sucesso:

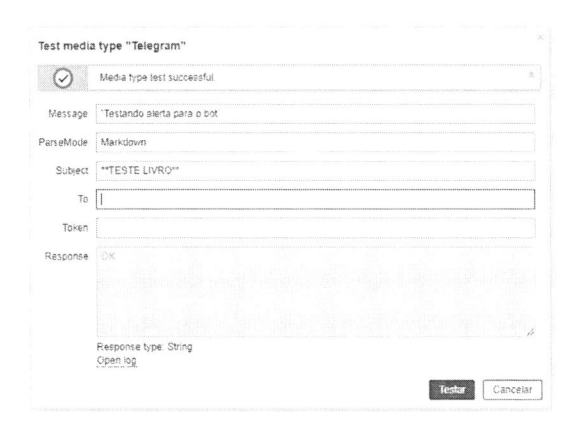

Eu apenas limpei as informações do meu ID e do *token*. Não esqueça de inserir no campo 'To' para quem você vai enviar a mensagem de teste. O campo 'Token' já vem preenchido, pois configuramos na etapa anterior.

A figura a seguir exibe a mensagem entregue no Telegram.

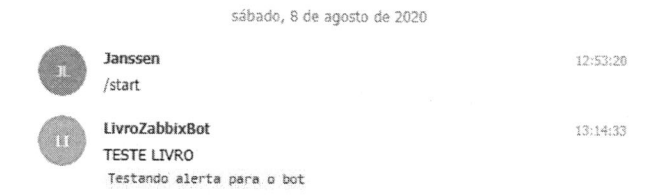

```
                                sábado, 8 de agosto de 2020
                    Janssen                                          12:53:20
                    /start

                    LivroZabbixBot                                   13:14:33
                    TESTE LIVRO
                    Testando alerta para o bot
```

Para finalizar este tópico, vamos configurar a ação que criamos no tópico 7.4. O nome da ação é **Utilização de CPU**. Se você não acompanhou o livro desde o início, não tem problema. Volte lá no tópico para aprender a criar uma ação agora antes de fazer essa parte. Nesta ação, configuramos para enviar um e-mail para informar quando a utilização de CPU estivesse muito alta. Vamos trocar o campo **Enviar apenas para** de **Email** para **Telegram**.

Não esqueça também de adicionar a mídia para o usuário que receberá o alerta no Telegram, conforme exibido na figura a seguir:

```
Mídia
              Tipo   Telegram
       * Enviar para
        * Ativo quando  1-7,00:00-24:00
    Usar se severidade  ☑ Não classificada
                        ☑ Informação
                        ☑ Atenção
                        ☑ Média
                        ☑ Alta
                        ☑ Desastre
              Ativo  ☑
                                                   Atualizar    Cancelar
```

Execute o comando a seguir para ativar a *trigger*:

```
# sysbench cpu run --threads=1 --time=180 --cpu-max-prime=8000000
```

Quando o Zabbix identificar o problema, veremos que o incidente executou a ação de enviar mensagem para o Telegram, conforme exibido na figura a seguir:

Host	Incidente	Duração	Reconhecido	Ações	Etiquetas
Meu primeiro host	Utilização de CPU está muito alta	22s	Não	1	

Hora	Usuário/Recipiente	Ação	Mensagem/Comando	Status	Informação
06-08-2020 13:37:45	Admin (Zabbix Administrator)	✉	Telegram	Enviado	
06-08-2020 13:37:44		🔔			

E a mensagem que chegou no grupo **Alertas Livro Zabbix**:

Mensagens não lidas

LivroZabbixBot 13:37:47
Problem: Utilização de CPU está muito alta
Problem started at 13:37:44 on 2020.08.08
Problem name: Utilização de CPU está muito alta
Host: Meu primeiro host
Severity: High
Operational data: 71.78 %
Original problem ID: 2004

CONCLUSÃO

Vimos neste capítulo algumas integrações disponíveis para utilizar no Zabbix 5. A facilidade de utilização das integrações é uma das grandes novidades que vêm sendo desenvolvidas pela Zabbix SIA, e isso se tornará um padrão nas versões futuras.

23. Verificando a Saúde do Zabbix Server

Utilizamos o Zabbix para garantir o monitoramento dos ativos e serviços de um ambiente controlado, mas também devemos garantir que a saúde do próprio Zabbix esteja adequada para conseguir coletar, armazenar e processar todos os dados do ambiente de monitoração. Além de nos preocuparmos com outros componentes que podem afetar o desempenho do servidor que está com o Zabbix Server instalado, também verificamos os próprios processos do Zabbix que estão deixando o sistema lento. Na maioria das vezes, conseguimos melhorar o desempenho do Zabbix Server ajustando alguns parâmetros no arquivo de configuração **zabbix_server.conf**, conforme veremos a seguir.

O Zabbix possui um *template* chamado **Template App Zabbix Server**, que possui vários itens coletados para verificação de processos internos do próprio Zabbix Server. Da mesma forma, o Zabbix Proxy também tem *template* semelhante: **Template App Zabbix Proxy**. Então, todo conhecimento visto neste capítulo também pode ser aplicado para o monitoramento da saúde do Zabbix Proxy.

É possível verificarmos as coletas de dados dos processos que estão ocupados separados por tipos. O *template* **Template App Zabbix Server** possui um conjunto de gráficos essenciais para verificação da saúde do Zabbix Server. Os gráficos que devemos observar são:

- Zabbix Internal process busy %
- Zabbix data gathering process busy %
- Zabbix internal queues
- Zabbix server performance
- Zabbix cache usage, % used

Vejamos na figura a seguir o gráfico de exibe informações dos processos responsáveis por coletar as métricas monitoradas por tipo de *poller*.

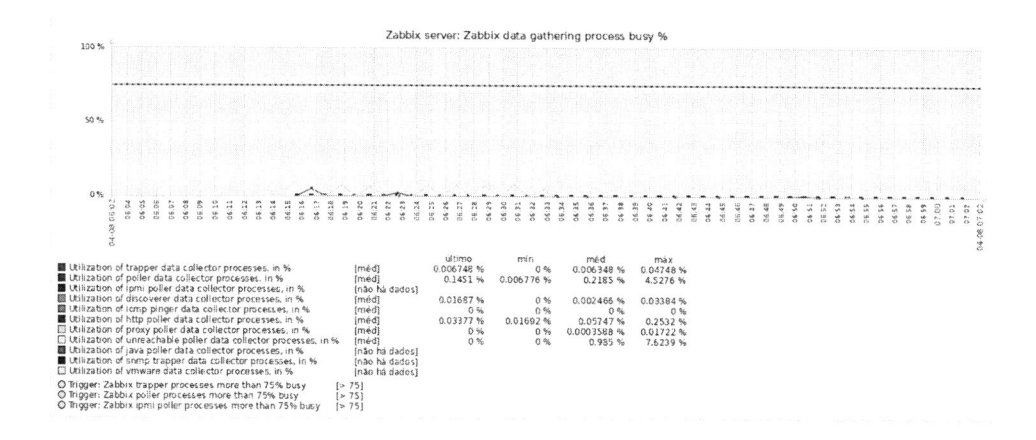

Vale ressaltar que eu estou coletando informações em um ambiente de laboratório, e por conta disso os dados exibidos no gráfico representam um ambiente controlado. Observe no gráfico a presença de uma linha de corte. Essa linha representa o limite que um *poller* poderá ficar ocupado para que o Zabbix envie um alerta sobre o problema. Por padrão, esse limite é de 75%.

Portanto, é indispensável monitorarmos através dos gráficos disponíveis nesse *template* para sabermos se o Zabbix precisa de algum ajuste na configuração dos seus arquivos. Por exemplo: você ativou o monitoramento do Zabbix Server sem alterar os parâmetros que indicam o número de processos que serão iniciados para coleta de dados de dispositivos IPMI. Por padrão, o valor do parâmetro **StartPollers** é 5. Como vimos no parágrafo anterior, neste *template* está estipulado que, se a porcentagem de processos ocupados atingir mais de 75%, um alerta será gerado. Esta é a hora de você ajustar este parâmetro. Este exemplo serve para todos os tipos listados anteriormente.

E como que eu sei que um *poller* está saturado? Pela quantidade de itens monitorados que utilizam o *poller*. Por exemplo: o **StartPollers** serve para qualquer tipo de item do Zabbix que faz checagem passiva. Ou seja, Zabbix Agent passivo, HTTP Agent, SNMP Agent etc. Quanto mais itens você ativar no seu ambiente, o consumo de *poller* será maior. Podemos ter uma noção da performance dos *pollers* também visualizando os processos no terminal do Linux. Vejamos a figura a seguir:

Observe na linha do **poller #2**. Temos a informação de que esse *poller* obteve três valores em 0,008067 segundo. Quando um determinado *poller* estiver ficando ocupado, você vai perceber que o tempo para obtenção das métricas será muito maior que o exemplo demonstrado aqui. E aí você vai perceber que precisa ajustar esses parâmetros no arquivo de configuração do Zabbix Server.

Quando você estiver fazendo a leitura desses dados pelos gráficos, é altamente recomendado que você leve em consideração a média em um determinado período para não se precipitar com escolhas que não surtirão efeito. Às vezes o problema que está afetando o rendimento do Zabbix pode ser externo. Por externo me refiro a algum processo concorrente sendo executado no sistema que está consumindo recursos demasiadamente e prejudicando outros. Por isso é recomendado separar a camada *core* do Zabbix da camada de aplicação. Em ambientes maiores, sugiro separar até a camada do banco de dados. Mas se você não dispõe de servidores para separação desses serviços, é muito importante que mantenha um monitoramento eficiente, além do Zabbix Server, dos serviços de que ele depende para um bom funcionamento. Portanto, não esqueça de monitorar o servidor web (Apache ou Nginx) e também o SGBD que mantém a base de dados do Zabbix (MySQL, PostgreSQL etc.). No Capítulo 22 você encontra alguns exemplos desses monitoramentos.

Temos ainda outros gráficos importantes neste *template* que são para monitoramento do uso de *cache* do Zabbix e dos processos internos, como por exemplo: tempo de ocupação para os processos de limpeza de dados, sincronização de processos, dados históricos, entre outros. Vale ressaltar que devemos estar cientes do que cada processo representa, para não alterarmos configurações que, em vez de melhorar a performance do sistema, contribuirão para a queda de seu desempenho.

Outra forma de verificar se o monitoramento não está com um bom desempenho é analisar a quantidade de itens que estão na fila de coleta. Isso pode ser verificado acessando o menu **Administração > Fila**, onde podemos ver a quantidade de processos que ainda não foram coletados em cinco segundos, dez segundos, trinta segundos, um minuto, cinco minutos ou mais de dez minutos. Esta fila está separada pelo tipo de item monitorado, o que contribui para que uma busca por solução fique mais específica, já que você terá noção do que pode estar demorando a ser coletado. Também é possível verificarmos esta fila no nível de Zabbix Proxy que você tiver na sua rede. Para isso, basta selecionar a opção na caixa de seleção localizada no canto superior esquerdo da tela de filas.

Para mais detalhes sobre o monitoramento dos recursos internos do Zabbix Server, sugiro a leitura dos seguintes links:

- **Checagens internas:** <https://www.zabbix.com/documentation/current/manual/config/items/itemtypes/internal>
- **Conceitos sobre processos do Zabbix Server:** <https://www.zabbix.com/documentation/current/manual/concepts/server>
- **Parâmetros do Zabbix Server:** <https://www.zabbix.com/documentation/current/manual/appendix/config/zabbix_server>

> **CONCLUSÃO**
>
> Vimos neste capítulo que não devemos ignorar o monitoramento das métricas disponíveis pelo Zabbix Server e pelo Zabbix Proxy. A utilização correta dos parâmetros de configuração dos serviços é ideal para o bom funcionamento do ambiente. Portanto, fazer o monitoramento dessas métricas lhe dará base para analisar um recurso que pode estar afetando a coleta de um tipo de item, processamento de alertas e demais processos do ambiente de monitoramento.

24. API do Zabbix

A API do Zabbix permite recuperar e modificar configurações do ambiente de monitoramento, além de fornecer acesso a dados históricos, eventos etc. Ela pode ser utilizada tanto por profissionais de infraestrutura como por desenvolvedores.

A API do Zabbix é amplamente utilizada para:

- Criar novas aplicações para trabalhar com o Zabbix
- Integrar o Zabbix com software de terceiros
- Automatizar tarefas repetitivas

Para profissionais de infraestrutura que já dominam a ferramenta, o uso da API se faz necessário para automatizar tarefas repetitivas, com o propósito de acelerar a execução dessas tarefas e diminuir as probabilidades de configurações feitas incorretamente. Já o uso da API por desenvolvedores se dá pela necessidade de gerar novas aplicações e emitir relatórios personalizados para a área gerencial, devido ao fato de a interface web do Zabbix não disponibilizar muitas opções de relatórios. Porém, permite que se faça isso usando sua API.

Minha intenção neste capítulo não é ensinar a usar a API do Zabbix nem mesmo detalhar como funciona a estrutura da API do Zabbix. Esse assunto você pode encontrar com detalhes e vários exemplos no meu livro **Consumindo a API do Zabbix com Python**, também publicado pela editora Brasport.

Apenas para deixar um exemplo do que a API do Zabbix é capaz, mostro a seguir um código em Shell Script que exibe em sua saída uma listagem com os *hosts* do Zabbix com seu nome e ID:

```
#!/bin/sh
# Script que imprime na saída a listagem dos hosts com seu ID e nome.
```

```
URL='http://localhost/zabbix/api_jsonrpc.php'
HEADER='Content-Type:application/json'

USER='"Admin"'
PASS='"zabbix"'

autenticacao()
{
    JSON='
    {
        "jsonrpc": "2.0",
        "method": "user.login",
        "params": {
            "user": '$USER',
            "password": '$PASS'
        },
        "id": 0
    }
    '
    curl -s -X POST -H "$HEADER" -d "$JSON" "$URL" | cut -d '"' -f8
}
TOKEN=$(autenticacao)

hosts()
{
    JSON='
    {
        "jsonrpc": "2.0",
        "method": "host.get",
        "params": {
            "output": [
                "hostid ",
                "host"
                ]
        },
        "auth": "'$TOKEN'",
        "id": 1
    }
    '
```

```
    awk 'BEGIN { print "ID    - Host" }'
    curl -s -X POST -H "$HEADER" -d "$JSON" "$URL" | awk -v
RS='{"' -F\" '/^hostid/ {printf $3 " - " $7 "\n"}'
}

hosts
```

No meu repositório do GitHub você encontra uma seleção de *scripts* que utilizam diversos métodos da API para você começar a se acostumar com a API e tirar novas ideias. Acesse <https://github.com/janssenlima/api-zabbix/tree/master/shell_script>.

Para estudar a API do Zabbix, além do meu livro que indiquei, eu sugiro que você estude massivamente os métodos da API que estão disponíveis na documentação oficial: <https://www.zabbix.com/documentation/current/manual/api>.

Vou comentar sobre algumas integrações que eu desenvolvi com a API do Zabbix usando Python:

Projeto Zabbix Tuner: este projeto tem o objetivo de fazer uma verificação de uma instalação do Zabbix e propor ajustes para melhorar a performance e a estabilidade do sistema. É um projeto que utiliza muitos métodos da API do Zabbix para gerar relatórios de itens do ambiente instalado, listar e desabilitar itens não suportados, emitir relatórios de agentes do Zabbix desatualizados e relatório de *triggers* por tempo de alarme e estado.

É possível exportar os relatórios no formato CSV para posteriormente fazer o *input* desses dados em outros sistemas que consigam ler esse formato. Ideal para acompanhamento do andamento na solução de problemas, como é o caso do relatório de itens não suportados, onde o objetivo é listar o motivo pelo qual um item se tornou "não suportado" para que este seja corrigido e volte a fazer as coletas de métricas normalmente.

O código desse projeto está disponível em <https://github.com/janssenlima/zabbixtuner>.

Projeto Zabbix IT Services: este projeto tem o objetivo de configurar automaticamente a árvore de serviços de TI do Zabbix. Para isso, utilizei a API do Zabbix para automatizar esse processo para cadastrar todo o ambiente a partir da leitura dos grupos de *hosts* cadastrados no Zabbix.

Este projeto está disponível em <https://github.com/janssenlima/api-zabbix>, onde você encontra outros códigos que utilizam a API do Zabbix, tais como: reconhecimento de eventos, cadastro de *hosts* a partir de listagem em arquivos e relatório de *triggers* por idade do problema.

Projeto zabbix-otrs: projeto destinado a fazer a integração entre o Zabbix e o software de ITSM OTRS. O objetivo dessa integração é abrir um chamado automaticamente após a ativação de uma *trigger* no Zabbix. Basicamente, é uma integração bem simples pelo lado do Zabbix, pois apenas utilizo um método da API do Zabbix para fazer o reconhecimento do evento para registrar o número do *ticket* que foi aberto no OTRS.

O código dessa integração você pode encontrar em <https://github.com/janssenlima/zabbix-otrs>.

Também é possível verificar o funcionamento através de um curso gratuito que eu disponibilizei no YouTube nesse link: <https://bit.ly/curso-zabbix-otrs>.

Com o lançamento do Zabbix 5, a Zabbix SIA disponibilizou um *webhook* que faz uma integração do Zabbix com OTRS. Para mais detalhes, acesse <https://www.zabbix.com/integrations/otrs>.

Projeto zabbix-glpi: projeto destinado a fazer a integração entre o Zabbix e o software de ITSM GLPI. O objetivo dessa integração é abrir um chamado automaticamente após a ativação de uma *trigger* no Zabbix. Basicamente, é uma integração bem simples pelo lado do Zabbix, pois apenas utilizo um método da API do Zabbix para fazer o reconhecimento do evento para registrar o número do *ticket* que foi aberto no GLPI.

O código dessa integração você pode encontrar em <https://github.com/janssenlima/zabbix-glpi>.

Também é possível verificar o funcionamento através de um curso gratuito que eu disponibilizei no YouTube nesse link: <http://bit.ly/zabbix_glpi>.

Caso você tenha mais interesse no uso da API, além dos links dos projetos mencionados anteriormente, sugiro a leitura do meu livro **Consumindo a API do Zabbix com Python**, também publicado pela editora Brasport.

Além da indicação do livro, você também está convidado a visualizar gratuitamente todo o conteúdo por mim publicado no YouTube. Acesse meu canal em <https://www.youtube.com/c/JanssendosReisLima/> e tenha acesso a conteúdos originais sobre Zabbix, incluindo:

- Curso API do Zabbix com Python
- Curso API do Zabbix usando Shell Script
- Curso integração Zabbix com GLPI
- Curso integração Zabbix com OTRS

25. Obtendo Ajuda

Segundo a Zabbix SIA, a comunidade de usuários Zabbix no Brasil é a mais ativa em todo o mundo. Além da documentação oficial do Zabbix, disponível no endereço <https://www.zabbix.com/documentation>, onde podemos selecionar a documentação entre as versões disponíveis, também podemos participar do fórum oficial para tirar dúvidas e obter ajuda dos membros participantes.

Existe uma gama de sites e blogs com conteúdo sobre Zabbix. Ao fazer uma busca rápida no Google você encontra material para conhecer mais sobre a ferramenta, desde o básico até o avançado.

Eu sugiro a leitura desses sites e a participação em fóruns e grupos:

- **Documentação oficial do Zabbix:** <https://www.zabbix.com/documentation/>
- **Fórum oficial do Zabbix:** <https://www.zabbix.com/forum/>
- **Grupo de ajuda Zabbix no Telegram:** <https://t.me/Zabbix_Alunos_Janssen>
- **Site DevOps for Infra:** <https://devops4infra.com>
- **Canal YouTube:** <https://www.youtube.com/c/JanssendosReisLima/>

Índice Remissivo

A
Administrador Zabbix 103
Apache 13, 39, 62, 66, 194
Arquitetura do Zabbix 9

B
back-end 9, 10, 22

C
Características do Zabbix 7

D
Dashboard 29, 105, 111, 118, 143, 144
DebugLevel 148

F
front-end 9, 10, 23

I
IPMI 8, 35, 36, 39, 44, 69, 71, 145, 171, 172, 173, 174, 175, 193
ipmitool 171, 172

J
Java Gateway 36
JBoss 39, 57
JMX 35, 36, 44

L
LDAP 32

M
Monitoramento distribuído 8, 31
Monitoramento web 137

MySQL 13, 15, 16, 18

P
perf_counter 123, 124, 125
perfmon 124
php.ini 20
PostgreSQL 13, 62

R
RefreshActiveChecks 58
Requisitos de Hardware 12
Requisitos de Software 13

S
ServerActive 155, 161
SLA 136, 137, 138, 139
SNMP 8, 34, 36, 39, 44, 60, 163, 164, 166, 167
SNMP TRAP 163
snmpwalk 165, 166
SQLite 13, 153

T
typeperf 124

U
UserParameter 76, 140, 141, 142, 159, 161
Usuário Zabbix 103

Z
Zabbix Agent 10, 11, 13, 35, 39, 44, 57, 60, 69, 121, 123, 147, 149, 150, 155, 159, 161, 162
zabbix_get 124, 125, 140, 141, 150, 161

Zabbix Proxy 10, 11, 151, 152, 153, 155,
    156, 157, 194
zabbix_sender 35, 150, 161, 162
Zabbix Server 10, 11, 12, 22, 27, 29, 30, 35,
    57, 91, 103, 124, 149, 150, 151, 152, 153,
    154, 156, 157, 161, 162, 173, 175, 192, 193

Referências Bibliográficas

BEYER, Betsy; JONES, Chris; PETOFF, Jennifer; MURPHY, Nial Richard. (eds.). **Engenharia de Confiabilidade do Google**: como o Google administra seus sistemas de produção. São Paulo: Novatec, 2016.

JSON. **Introducing JSON.** Disponível em: <https://json.org>. Acesso em: 23 set. 2020.

LIMA, Janssen dos Reis. **Consumindo a API do Zabbix com Python.** Rio de Janeiro: Brasport, 2016.

MAURO, Douglas R.; SCHMIDT, Kevin J. **Essential SNMP.** 2nd. ed. Sebastopol, CA: O'Reilly, 2005.

PROMETHEUS. **Data Model.** Disponível em: <https://prometheus.io/docs/concepts/data_model/>. Acesso em: 23 set. 2020.

ZABBIX. **Zabbix Documentation.** Disponível em: <https://www.zabbix.com/documentation/>. Acesso em: 23 set. 2020.